Mercadotecnia en los Medios Sociales

2ª Edición

ALICIA DURANGO

Tabla de contenido

Nota Legal

Esta publicación está destinada a proporcionar el material útil e informativo. Esta publicación no tiene la intención de conseguir que usted sea un maestro del marketing de redes sociales, sino que consiga obtener un amplio conocimiento general de las redes sociales y del marketing para que cuando tenga que tratar con estas, usted ya pueda conocer los conceptos y el funcionamiento de las mismas. No me hago responsable de los daños que puedan ocasionar el mal uso del código fuente y de la información que se muestra en este libro, siendo el único objetivo de este, la información y el estudio de las bases de datos en el ámbito informático. Antes de realizar ninguna prueba en un entorno real o de producción, realice las pertinentes pruebas en un entorno Beta o de prueba.

El autor y editor niegan específicamente toda responsabilidad por cualquier responsabilidad, pérdida, o riesgo, personal o de otra manera, en que se incurre como consecuencia, directa o indirectamente, del uso o aplicación de cualesquiera contenidos de este libro.

Todas y todos los nombres de productos mencionados en este libro son marcas comerciales de sus respectivos propietarios. Ninguno de estos propietarios ha patrocinado el presente libro.

Procure leer siempre toda la documentación proporcionada por los fabricantes de software usar sus propios códigos fuente. El autor y el editor no se hacen responsables de las reclamaciones realizadas por los fabricantes. El autor y editor niegan específicamente toda responsabilidad por cualquier responsabilidad, pérdida, o riesgo, personal o de otra manera, en que se incurre como consecuencia, directa o indirectamente, del uso o aplicación de cualesquiera contenidos de este libro.

Todas y todos los nombres de productos mencionados en este libro son marcas comerciales de sus respectivos propietarios. Ninguno de estos propietarios ha patrocinado el presente libro.

Procure leer siempre toda la documentación proporcionada por los fabricantes de software usar sus propios códigos fuente. El autor y el editor no se hacen responsables de las reclamaciones realizadas por los fabricantes.

Los Medios Sociales

Los sitios web de medios sociales y sus aplicaciones permiten a los usuarios crear y generar contenido en la web.

Puntos clave

- Los medios sociales son ejemplos de la Web 2.0, que contrastan significativamente con las tecnologías top-down más pasivas que caracterizaron las páginas de la Web 1.0.
- En concreto, las redes sociales cuentan con una rica experiencia de usuario, contenido dinámico, escalabilidad, apertura e inteligencia colectiva.
- Los diferentes tipos de medios sociales incluyen las redes sociales, weblogs, microblogging, comunidades de contenido, podcasts y wikis.

Téminos

- Inteligencia Colectiva: Un grupo o inteligencia compartida que surge de la colaboración y la participación de muchos individuos y aparece en el consenso-toma de decisiones en temas variados como bacterias, animales y redes informáticas.
- Trolling: La jerga de Internet para enviar mensajes inflamatorios, extraños o fuera de tema en una comunidad en línea - como un foro, chat o blog - con el

objetivo de provocar una respuesta emocional en sus lectores o interrumpir la discusión normal.

- Escalabilidad: La capacidad de un sistema, red o proceso para manejar un creciente volumen de trabajo o su capacidad de ser ampliado para dar cabida a este aumento.

¿QUÉ SON LOS MEDIOS SOCIALES?

Los medios sociales son plataformas interactivas donde se crea contenido y es distribuido y compartido por los individuos en la web. Los profesores Andreas Kaplan y Michael Haenlein de la Escuela de Negocios ESCP definen los medios de comunicación sociales como "un grupo de aplicaciones basadas en Internet que se basan en los fundamentos ideológicos y tecnológicos de la Web 2.0, y que permiten la creación y el intercambio de contenidos generados por los usuarios." Los sitios web de medios sociales y sus aplicaciones permiten a los usuarios crear y generar contenido, intercambio del mismo, compartir información, participar en la red a través de tecnologías como los blogs y las redes sociales. En la última década, los medios de comunicación social se han convertido en una de las fuentes más poderosas para las actualizaciones de noticias, la colaboración en línea, la creación de redes, el marketing viral y el entretenimiento.

Los Medios de Comunicación Social

Antes de que el término Web 2.0 fuera acuñado en 1999, las páginas de Internet ofrecían sólo contenido estático, como texto y gráficos. En los sitios web operados con las tecnologías Web 1.0, los anfitriones del sitio web y los propietarios eran los contribuidores de contenido primario. La información en línea estaba dirigida a un público mayoritariamente pasivo que no recibía más que el contenido aportado. Sin embargo, con la introducción de las tecnologías Web 2.0, los medios sociales como los blogs comenzaron a permitir a los usuarios interactuar y colaborar entre sí en las comunidades virtuales. Este método más abierto de diálogo social contrasta significativamente con el enfoque top-down que caracterizó los primeros años de la web.

En concreto, las redes sociales comenzaron a reunir las características de los sitios Web 2.0, que proporcionan una rica experiencia de usuario, contenido dinámico, escalabilidad, apertura e inteligencia colectiva. Los usuarios de medios sociales activos podían beneficiarse de las diversas características que les permitían marcar algo como "like", crear y subir imágenes o subir videos y texto. Los usuarios podían entonces compartir esta información, ya fuera con un grupo selecto de amigos o públicamente, a través de la web. Sin embargo, esto también ha abierto los sitios web de medios sociales a spamming, trolling y flaming por usuarios sin escrúpulos o menos maduros. A pesar de todo, los medios de comunicación social han crecido rápidamente en los EE.UU. y en todo el mundo, debido a su mezcla de tecnología e interacción social para la co-creación de valor.

TIPOS DE MEDIOS DE COMUNICACIÓN SOCIAL

Algunos de los medios sociales más populares hoy en día son los sitios web de redes sociales como Facebook, que superó los más de mil millones de usuarios activos mensuales en octubre de 2012. Hay varios tipos de plataformas en línea clasificados en el gran abanico de medios de comunicación social. Estas categorías incluyen:

Redes sociales: las redes sociales permiten a los usuarios crear páginas web que ofrecen portafolios e intereses personales. Estas páginas se utilizan para conectarse con amigos, colegas y otros usuarios con el fin de compartir los medios de comunicación, el contenido y comunicaciones. Ejemplos de redes sociales son Facebook, LinkedIn, MySpace y Bebo.

Blogs: Algunas de las formas más antiguas y más populares de los medios de comunicación social son los blogs. Los blogs son a menudo vistos como diarios en línea que ordenan cronológicamente los contenidos por fecha, mes, año y categoría. Los usuarios también pueden mantener "vlogs" o blogs de vídeo, que ofrecen vídeos compartidos o caseros. Sitios web de blogs incluyen WordPress, Blogger y Tumblr.

Microblogs: Los microblogs son blogs de herramientas que cuentan con mensajes cortos, en lugar de mensajes del estilo de una revista. Los usuarios normalmente se limitan a publicar unas pocas líneas de texto o subir imágenes y vídeos individuales. El microblogging es particularmente común para publicar actualizaciones rápidas y para la distribución de contenidos a través de dispositivos móviles. Algunos sitios de microblogging notables son Twitter y Tumblr. Sin embargo, las redes sociales como Facebook, Google+, LinkedIn y MySpace también tienen sus propias características de microblogging.

Comunidades de contenido: Los usuarios de las comunidades de contenido organizan, comparten y comentan sobre diferentes tipos de contenido, incluyendo imágenes y videos. YouTube, Flickr y Scribd son ejemplos de comunidades de contenido.

Wikis: Los Wiki son sitios web que permiten a una comunidad de personas agregar y editar contenido en una base de datos. Uno de los wikis más conocidos es la Wikipedia.

Podcasts: Los podcasts son archivos de audio y vídeo disponibles a través de la suscripción de servicios como iTunes de Apple. El término "podcast" es un neologismo derivado de "radiodifusión" y "pod" (como en "iPod"), ya que a menudo los Podcasts son escuchados en reproductores de medios portátiles.

Otros tipos de medios de comunicación social son los siguientes:

- Calificación y revisión de los sitios (por ejemplo Yelp)
- Características de marcadores sociales o etiquetado social (por ejemplo, Digg, Stumble Upon)
- Foros y paneles de discusión (por ejemplo Yahoo! Answers)
- Mundos sociales virtuales (por ejemplo, Second Life, World of Warcraft)

- Música e intercambio de audio (por ejemplo, Spotify, Pandora Radio)

Las redes sociales también se pueden clasificar por su capacidad para facilitar ciertas funciones sociales. Estas funciones sociales implican a menudo la identidad, la conversación, el intercambio, la presencia, las relaciones, la reputación y los grupos. Kaplan y Haenlein crearon un esquema de clasificación utilizando seis tipos diferentes de medios de comunicación social - Proyectos de colaboración (por ejemplo, Wikipedia), blogs y microblogs (por ejemplo, Twitter), comunidades de contenido (por ejemplo, YouTube), sitios de redes sociales (por ejemplo, Facebook), mundos virtuales de juego (por ejemplo, World of Warcraft) y mundos virtuales sociales (por ejemplo, Second Life).

LAS COMUNICACIONES INTEGRADAS EN EL MARKETING

Las redes sociales sirven como canales de comunicación rentables para la promoción de marcas a las audiencias objetivo.

Puntos clave

- La naturaleza viral y de colaboración de los medios sociales ofrece a las marcas con la capacidad de construir marca autenticidad y lealtad entre los usuarios.
- Los medios sociales permiten a las marcas refinar su segmentación estratégica llegando a una audiencia objetiva.
- Los anunciantes y los profesionales de las relaciones públicas pueden utilizar las redes sociales para atraer al público, crear contenido atractivo y monitorear el sentimiento acerca de su marca.

Términos

- Viralidad: El estado o condición de ser viral; tendencia a extenderse por el boca a boca.
- Medios Gratuitos: Publicidad para las campañas adquirida a través de artículos de prensa, noticias de TV, noticias web, cartas al director, artículos de opinión y las "encuestas rápidas" en la televisión y la web.

- Análisis Semántico: El proceso de relacionar las estructuras sintácticas, los niveles de frases, cláusulas, frases y párrafos con el nivel de la escritura como un todo, con sus significados independientes del lenguaje, la eliminación de las características específicas de los contextos lingüísticos y culturales, en la medida en que tal proyecto es posible.

Algunos de los mensajes o twees más populares se tweetean por empresas y negocios. Potentes marcas como Coca Cola y McDonalds cuentan con páginas en Facebook con millones de fans. Los medios como las redes sociales hacen que sea cada vez más importante para las empresas asegurarse de la exposición de la imagen de marca y su mensaje. Junto con la televisión, radio y prensa escrita, los medios sociales son parte del ecosistema de las comunicaciones que trabajan juntos para crear una experiencia agradable y sin problemas a los consumidores a través de múltiples canales. Del mismo modo, las comunicaciones integradas de marketing están incorporando cada vez más las redes sociales en la mezcla de promoción para llegar a los consumidores en la web y en los dispositivos móviles.

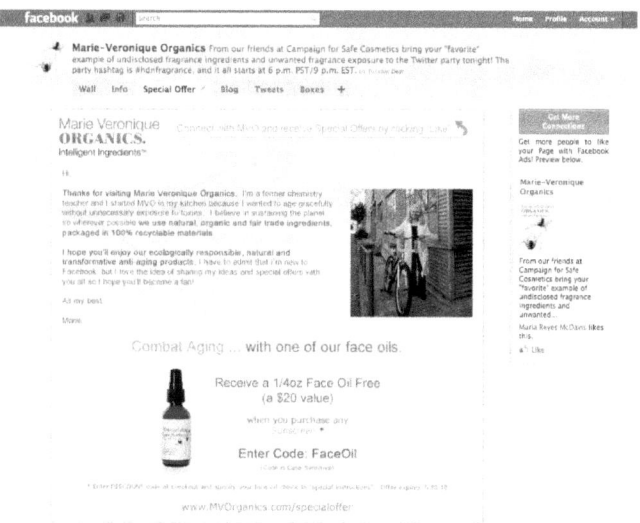

Página de Negocios en Facebook

Autenticidad de Marca

La explosión de los sitios web de medios sociales y su creciente importancia en las comunicaciones de marketing han dado a luz a la práctica de marketing en medios sociales. En los medios de comunicación social los programas de marketing, por lo general, centran sus esfuerzos en crear contenido que atraiga la atención y anime a los lectores a compartirlo en sus redes sociales. El mensaje corporativo de una marca se transmite de un usuario a otro y, presumiblemente, se extiende porque parece proceder de una fuente de confianza, en lugar de la marca o la empresa misma. Las redes sociales y los blogs permiten a los seguidores individuales retweetear o volver a publicar los comentarios realizados por el producto a ser promocionado.

Al repetir el mensaje, el círculo de amigos del usuario son capaces de ver el mensaje, por lo tanto, llega a más personas.

Debido a la viralidad de las redes sociales, las empresas suelen utilizar las redes sociales para promocionar productos y servicios a través del boca-a-boca. A medida que la información sobre la marca se transmite y repite a través de la red social, más tráfico se lleva a la página web de la compañía. Esto da como resultado medios gratuitos en lugar de los medios de pago, sirviendo como un generador y creando publicidad favorable para la marca.

Consumer Intelligence

Los medios sociales permiten a los vendedores refinar su estrategia de segmentación para llegar a un público objetivo más estrecho. Por ejemplo, Pinterest, una de las redes sociales en que la su base de usuarios es mayoritariamente femenina, atrae a las empresas que se dirigen principalmente a las mujeres.

Las redes sociales también revelan grandes cantidades de información acerca del interés en los productos y servicios. Hoy en día, una nueva semántica, análisis y tecnologías permiten a los vendedores detectar señales de compra basadas en el contenido en línea compartido y publicado. La comprensión de estas señales de compra puede ayudar a los profesionales de ventas a dirigirse a un grupo de personas relevante y hacer campañas microtargeted.

Compromiso Publicidad y PR

Los medios sociales en los negocios permiten a cualquier persona en todo el mundo, expresar y compartir una opinión o idea en algún lugar de la compañía en el mercado. A través de los sitios de redes sociales, las marcas pueden tener conversaciones e interaccionar con los seguidores individuales.

Esta interacción personal puede inculcar y fortalecer la lealtad a la marca entre seguidores y clientes potenciales. De este modo, cada cliente se convierte en parte del departamento de marketing, ya que otros clientes leen sus comentarios u opiniones.

Facebook y otras redes sociales a menudo se utilizan para sintonizar conversaciones con los clientes y así rápidamente advertir al servicio al cliente de sus problemas y preocupaciones. Sin embargo, estas conversaciones también pueden ser reutilizadas a través de los medios sociales adicionales y canales corporativos. Las marcas a menudo utilizan los medios sociales para transformar comentarios de clientes y testimonios en contenido relevante y atractivo para la venta personal, publicidad y otras tácticas promociónales. Escuchar a los medios sociales también ayuda a las empresas a mantenerse en sintonía con su público y acrecentar el sentimiento sobre su marca. Mediante el seguimiento y el análisis de las conversaciones en los medios sociales, las relaciones públicas profesionales pueden detectar problemas oportunamente y evitar que la publicidad negativa se convierta en auténticas crisis.

Este proceso de participación es fundamental para integrar con éxito las redes sociales en las estrategias de comunicación de marketing. Las organizaciones pueden utilizar las redes sociales para incrementar las comunicaciones de forma rentable a través de la mezcla de promoción, el fomento del conocimiento de la marca y, a menudo, mejorar el servicio al cliente.

LAS PRINCIPALES REDES SOCIALES

Una red social es un entorno ideal para comercializar cualquier producto y servicio.

Puntos clave

- La comercialización en la red social proporciona una gran cantidad de información demográfica y útil para la venta al por menor.
- Una red social consiste en una representación de cada usuario (a menudo un perfil), su / sus vínculos sociales y una variedad de servicios adicionales.
- Las redes sociales incorporan la tecnología de motor de búsqueda, permiten la interactividad a través de texto, correo electrónico, compartir archivos, juegos, suscripción RSS y programas de vinculación.

Términos

- Son Virales: Contenido que se hace popular a través del proceso de su distribución por Internet.
- Red Social: Un servicio en línea, plataforma o sitio que se centra en la construcción y la reflexión de las redes sociales o las relaciones sociales entre las personas, que, por ejemplo, comparten intereses y / o actividades.

LA INTERCONEXIÓN SOCIAL

Las redes sociales permiten a una comunidad de personas compartir todo tipo de información. Un individuo se une a una red social, proporcionando primero un perfil con la información personal que puede ser visto por otros usuarios de la red. Las redes sociales incorporan la tecnología de motor de búsqueda, permiten la interactividad a través de mensajes de texto, correo electrónico, intercambio de archivos, juegos, suscripción RSS y programas de vinculación. Una red social es un entorno ideal para la venta de cualquier producto o servicio.

¿Qué es una red social?

Un servicio de red social es un servicio en línea, plataforma o sitio que se centra en la construcción y refleja las redes sociales o las relaciones sociales entre las personas, que comparten intereses y / o actividades comunes. Un servicio de red social está formado por una representación de cada usuario (a menudo un perfil), su / sus vínculos sociales y una variedad de servicios adicionales. Algunas de las redes de renombre internacional son: Facebook, Google, Orkut, MySpace, LinkedIn, entre muchas más. Una correlación interesante es que a menudo la popularidad de un sitio depende en gran medida de su país de origen, lo que sugiere fuertes implicaciones culturales y sociales.

LAS PRINCIPALES REDES SOCIALES. LAS MÁS POPULARES

Los sitios que han definido las redes sociales.

Facebook - La más exitosa y popular, fue fundada en 2004. Hoy Facebook tiene más de 900 millones de usuarios activos y más de la mitad de ellos utilizan Facebook en un dispositivo móvil. Aparece en 77 idiomas.

Google Plus - Fue lanzado en 2011 En la actualidad, cuenta con 250 millones de usuarios registrados y está disponible en 44 idiomas. Ofrece nuevas características de redes sociales como círculos, Hangouts y Sparks. Una ventaja importante de Google+ es que te da la posibilidad de sincronizar los datos con la cuenta de Google del usuario y otras aplicaciones de Google.

LinkedIn en los EE.UU. y **XING** en Europa - Son redes sociales que se utilizan para actividades comerciales, laborales y profesionales. Proporcionan conectividad e interacción con otras redes sociales como los blogs, Facebook y Twitter. LinkedIn permite a los miembros crear perfiles profesionales para ellos mismos, así como para su negocio, proporcionando a sus miembros la oportunidad de generar ventas y asociaciones empresariales en todo el mundo.

Yelp - Es un índice en línea completo de perfiles de negocios que se pueden buscar por ubicación, similar a las páginas amarillas u otro directorio telefónico El sitio web está operativo en siete países diferentes, entre ellos Estados Unidos y Canadá. Las empresas pueden crear, compartir y editar perfiles de negocios, publicar información como la ubicación de la empresa, información de contacto, fotos e información de servicio. Permite a las personas escribir, escribir crónicas sobre las empresas y clasificarlas en una escala de cinco puntos. Las funciones de mensajería y de entrevistas están disponibles para los miembros generales a fin de orientar los pensamientos y opiniones.

YouTube - Ofrece contenido gratuito que está etiquetado con anuncios compatibles para adaptarse a un público objetivo, lo que refleja un determinado estilo demográfico y gusto, en sintonía con el contenido del video solicitado. Ofrecen oportunidades promociónales para cualquier compañía o individuo que esté interesado en patrocinar un video. También ofrecen programas de afiliación y de asociación que permiten a los editores de contenido ganar dinero.

El tipo y el número de sitios de redes sociales continúan proliferando a un ritmo rápido. Hay diferentes lugares y características que se adaptan a las necesidades de los individuos y las empresas, para los mercados, las empresas especializadas y públicos objetivos. Las redes sociales siguen creciendo y multiplicándose.

El objetivo final es que un producto sea " viral" y las redes sociales sean capaces de entregarlo cuando se utilizan como una herramienta de marketing. Convertirse en algo viral se logra cuando el contenido se vuelve popular a través del proceso de intercambio en Internet. Llegar a millones de personas con un mensaje conciso y preciso y en un lapso muy corto de tiempo. La comercialización en la red social proporciona una gran cantidad de información demográfica y datos minoristas útiles. Ofrece oportunidades para la medición de los medios sociales, la agregación de redes sociales, marcadores, análisis, medios de comunicación, blog de marketing y validación.

Muchas redes sociales están empezando a incorporar la capacidad e-commerce a sus sitios. Hacer clic a través de anuncios, enlaces y otros componentes de la plataforma facilita las ventas y crea compras de "impulso".

LAS PRINCIPALES CARACTERÍSTICAS DEL MARKETING DIGITAL

El marketing digital utiliza los dispositivos conectados a Internet para atraer a los consumidores con la publicidad en línea, principalmente a través de los métodos de extracción o de inserción.

Puntos clave

- El marketing digital se compone de tirar o empujar comunicación on-line. Estas tácticas también pueden ser nombradas como marketing de entrada o de salida.
- Pull Digital Marketing se genera por los consumidores que buscan activamente contenido de marketing.
- Push Digital Marketing ocurre cuando los vendedores envían mensajes sin el consentimiento de los destinatarios.
- Ejemplos de pull digital marketing incluyen los motores de búsqueda, los boletines por correo electrónico y mensajes de texto, mientras que el push digital marketing digital en la suscripción de servicios.

Términos

- Publicidad Gráfica: La publicidad en línea normalmente contiene texto, logotipos, fotografías u otras imágenes, mapas de localización y artículos similares.

El marketing digital se define como el uso de dispositivos conectados a Internet, como ordenadores, tablets, teléfonos inteligentes y consolas de juegos para atraer a los consumidores con publicidad en línea. Uno de los principios clave del marketing digital es la creación de una experiencia de usuario sencilla, sin fisuras y conveniente para la audiencia objetivo. Asimismo, eliminar el esfuerzo por parte de los consumidores ayuda a establecer una relación continua y automatizada entre las marcas y sus audiencias.

Las empresas a menudo incorporan blogs y otros servicios en sus páginas web corporativas para fomentar el tráfico de Internet.

PULL DIGITAL MARKETING

El pull digital marketing se caracteriza por los consumidores que buscan activamente el contenido de marketing. Los consumidores pueden usar tácticas que incluyen los motores de búsqueda, boletines por correo electrónico, mensajes de texto o vínculos web para buscar información sobre la marca. Las tecnologías push entregan contenido a medida que está disponible y están mejor orientadas al consumidor. Sin embargo, el microtargeting tiende a producir audiencias más pequeñas y el aumento de los costos de creación y distribución.

Algunos sitios web, blogs y medios de streaming (audio y vídeo) son ejemplos de pull digital marketing. En cada uno de estos canales, los usuarios deben navegar a la página web para ver el contenido. Corresponde a los vendedores crear contenido digital - texto, imágenes, vídeos y audio - que sea relevante y lo suficientemente cautivante para atraer a los visitantes de la web, aumentar las visitas y mejorar el posicionamiento en los buscadores.

La construcción de comunidades en línea en sitios de medios sociales relacionados, tales como Facebook y YouTube es otra táctica utilizada por las marcas para aumentar el número de interacciones con clientes y clientes potenciales. Las empresas suelen utilizar sus sitios web corporativos y blogs para construir autoridad y credibilidad en su campo, así como mejorar su posicionamiento en buscadores. Los motores de búsqueda como Google a menudo sitúan los sitios basándose en su calidad y la relevancia de su contenido. Por lo tanto, cuanto mejor esté clasificada una marca en Google, más posibilidades habrá de que los usuarios de Internet encuentren su sitio web.

PUSH DIGITAL MARKETING

El push digital marketing se produce cuando los vendedores envían mensajes con o sin el consentimiento de los destinatarios. Estas tácticas de marketing digital incluyen la publicidad gráfica en los sitios web y blogs. El correo electrónico, mensajería de texto y vínculos web son también considerados push digital marketing cuando el destinatario no ha accedido a recibir el mensaje de marketing. Esta práctica también se conoce como spam. Lo contrario al spam es el marketing autorizado, que utiliza las tecnologías con el permiso previo del destinatario. Los vendedores obtienen el permiso del consumidor para enviar comunicaciones a través de suscripciones o consentimiento por escrito.

Las suscripciones ofrecen la oportunidad de insertar contenido a los fans y seguidores, lo que lleva a visitar el canal de video de la marca, la página en los medios sociales o la página web corporativa. Los comunicados de prensa en texto y video también se pueden distribuir fácilmente a través de los servicios de distribución en línea. Los periodistas, bloggers y otros productores de contenidos visitan estos sitios para las noticias. Las marcas pueden aumentar el tráfico web de las publicaciones y los blogs que utilizan con sus comunicados de prensa como fuentes de información para los medios de comunicación.

OTROS TIPOS DE MARKETING DIGITAL

Una sociedad puede utilizar exclusivamente pull o push digital marketing, o puede ser que no utilice ninguna de estas estrategias. Hay otras estrategias de marketing que pueden

30

implicar una variación de las anteriores. Por ejemplo, las comunicaciones multicanal usan ambas tecnologías simultáneamente.

LOS DIFERENTES TIPOS DE PUBLICIDAD EN INTERNET

Los tipos de publicidad en Internet abarcan los banners, publicidad semántica, afiliación, redes sociales y dispositivos móviles.

Puntos clave

- La publicidad en Internet proporciona a las empresas una manera de bajo costo para servir anuncios personalizados a través de la web y de interfaces móviles.
- La publicidad en línea depende en gran medida del contexto y la segmentación por comportamiento para servir anuncios personalizados a los consumidores.
- Diferentes tácticas de publicidad móvil incluyen publicidad por pantalla, la app-advertising y DoubleClick para los anunciantes.

Términos

- Clickstream: Perfil de la actividad de un usuario en un navegador web u otro software, basado en donde se ha hecho clic.

Una ventaja importante de la publicidad en línea es la publicación inmediata de la información, que no está limitada por las restricciones geográficas o de tiempo. Los anunciantes en línea pueden personalizar sus anuncios haciendo la orientación al consumidor más eficiente y preciso. Por ejemplo, AdWords, Yahoo! Search Marketing y Google AdSense permiten anuncios que se muestran en las páginas web de interés o junto a los resultados de búsquedas relacionadas. Por otro lado, los consumidores tienen un mayor control sobre el contenido que ven, lo que afecta al tiempo, la colocación y la visibilidad de la publicidad en línea. En el ámbito de la comercialización en Internet, la publicidad en línea incluye publicidad gráfica, marketing de afiliados, marketing en buscadores (SEM) y la publicidad móvil.

Los banners son ejemplos de publicidad en Internet.

CÓMO MOSTRAR LA PUBLICIDAD

La publicidad gráfica es el uso de banners o anuncios de banner en un sitio web de terceros o blog para atraer tráfico a una página web corporativa y aumentar el conocimiento del producto. Estos se componen de imágenes estáticas o animadas, así como de medios interactivos incluyendo audio y video. La publicidad gráfica utiliza la orientación demográfica y geográfica - captura de cookies de los usuarios y el historial del navegador para determinar la ubicación y los intereses – para usar los anuncios correspondientes a esos navegadores.

Además de la orientación contextual, la publicidad en línea

está basada en el comportamiento en línea de un usuario. Esta práctica se conoce como segmentación por comportamiento. Por ejemplo, si se sabe que un usuario ha visitado recientemente una serie de sitios web de automoción, basado en el análisis de los clics permitido por las cookies almacenadas en el ordenador del usuario, a ese usuario, a continuación, se puede servir anuncios relacionados con los automóviles cuando visita otros sitios, no automotrices. Las técnicas de análisis semántico también se utilizan para interpretar con precisión y clasificar el significado o el contexto del contenido de la página y luego rellenarlo con anuncios dirigidos. El contenido de la web semántica está estrechamente vinculado a la publicidad para aumentar el interés del espectador con el producto o servicio anunciado.

MARKETING DE AFILIADO

El marketing de afiliación es una forma de publicidad en línea donde los anunciantes colocan campañas con un número potencialmente grande de editores y que sólo se pagan a los medios de comunicación cuando el anunciante recibe tráfico web. El tráfico web se basa por lo general en un resultado de llamada a la acción o campaña medible como un formulario web presentado o venta. Hoy en día, esto generalmente se logra a través de la contratación con una red de afiliados.

PUBLICIDAD EN REDES SOCIALES

La publicidad en las redes sociales es una forma de publicidad en línea que se encuentra en los sitios de redes sociales como Facebook. Los anuncios en estos medios pueden tomar la forma de anuncios directos de visualización adquiridos en las redes sociales, publicidad en autoservicio a través de las redes de anuncios internos y la publicación de anuncios en las aplicaciones de redes sociales a través de las redes de publicidad de aplicación de red social especiales.

SEARCH ENGINE MARKETING (SEM)

El marketing en buscadores es una forma de marketing que busca promover sitios web mediante el aumento de su visibilidad en las páginas de resultados de motores de búsqueda (SERPs). Las tácticas SEM incluyen prácticas remuneradas, la publicidad contextual y la inclusión pagada o gratuita de técnicas de optimización de motores de búsqueda para impulsar la colocación de sus anuncios. Los anunciantes pagan cada vez que los usuarios hacen clic en su anuncio y se redirigen a su página web, en lugar de al propio anuncio. Este sistema permite a las marcas refinar búsquedas y obtener información sobre su segmento de mercado.

MOBILE MARKETING

La publicidad móvil es la capacidad para que las organizaciones y los individuos hagan publicidad de su producto o servicio a través de dispositivos móviles. La publicidad móvil se realiza generalmente a través de mensajes de texto o aplicaciones. El beneficio obvio de la publicidad móvil para las marcas es que los dispositivos móviles, como teléfonos inteligentes, suelen estar junto al propietario durante todo el día. Esto presenta una forma costo-efectiva para las marcas para ofrecer publicidad dirigida a través de plataformas móviles sobre una base diaria. Las tecnologías como la publicidad basada en la localización también dan a los vendedores la capacidad de ofrecer anuncios en las proximidades de la ubicación física de un consumidor. Aunque los anuncios aparecen en una pequeña interfaz móvil, los anunciantes móviles tienen la capacidad de entregar mensajes personalizados y por lo tanto eficaces.

Diferentes tácticas de publicidad móvil incluyen:

- La publicidad en pantalla ociosa - los propietarios de teléfonos móviles entran en un acuerdo de terceros que permite a los anuncios que se ejecutan en su pantalla mientras su teléfono está en reposo, a cambio de un descuento u otra promoción.
- App-advertising - aplicaciones de diseño de empresas, incluyendo juegos y vídeos, que en gran medida promueven su marca.
- DoubleClick para los anunciantes - un servicio de Google que permite a las marcas comprar ciertas palabras clave para incrementar la posición de sus anuncios en el ranking de búsqueda móvil.

EL MOBILE MARKETING

El marketing móvil es la práctica de la promoción de marcas a través de dispositivos móviles, como teléfonos inteligentes, reproductores de medios portátiles y tabletas.

Puntos clave

- Durante la década del 2000, el mercado móvil se hizo popular con el uso de la mensajería de texto en Europa y en algunas partes de Asia.
- Las tácticas de promoción del marketing móvil incluyen SMS y MMS, notificaciones push, códigos QR, palabras clave y la comercialización de juegos para móviles.
- Algunas de las principales ventajas del marketing móvil son la proximidad de los dispositivos móviles a los propietarios, así como el carácter habitual del uso de teléfonos móviles, teléfonos inteligentes y tabletas informáticas.
- A pesar de la relación coste-eficacia del marketing móvil, las marcas se enfrentan a desafíos en torno a los problemas de privacidad con los datos del usuario.

Términos

- **SMS**: Un mensaje de texto enviado por un teléfono móvil.

- **MMS**: Servicio de Mensajería Multimedia - Forma estándar para enviar mensajes que incluyen contenido multimedia desde y hacia teléfonos móviles.
- **Bluetooth**: Un estándar de la tecnología open-inalámbrico propio para el intercambio de datos en distancias cortas (mediante transmisiones de radio de onda corta en la banda ISM de 2400-2480 MHz) de los dispositivos fijos y móviles, creando redes de área personal (PAN) con altos niveles de seguridad.

Este tipo de comercialización permite a los comerciantes y anunciantes promocionar productos y servicios a través de dispositivos móviles, incluyendo teléfonos móviles, teléfonos inteligentes, portátiles y tabletas.

Según el profesor de Marketing Andreas Kaplan, el marketing móvil es: "Cualquier actividad de marketing llevada a cabo a través de una red ubicua en que los consumidores están constantemente conectados con un dispositivo móvil personal". Debido a que el marketing móvil se realiza mediante redes inalámbricas, también se le conoce como "wireless marketing". Las comunicaciones de marketing en los dispositivos móviles se realizan generalmente a través de mensajes de texto o aplicaciones. Puesto que los consumidores suelen llevar sus dispositivos móviles con ellos durante todo el día, el marketing móvil presenta una forma costo-efectiva para las marcas para ofrecer mensajería específica a través de diferentes plataformas.

Need to Take this Timberland Discount Voucher Code with you?

 If you use a smartphone, just scan the following QR Code instead of printing this page. It contains all the essential details of this promotional discount code along with its URL.

QR Code
Deal Info

Deal Info | Deal URL

Código QR Promoción

Estos se utilizan cada vez más en las campañas de publicidad móvil para aumentar el compromiso del usuario.

TIPOS DE MOBILE MARKETING

Una de las formas más populares de la publicidad móvil es la mensajería de texto. Durante la década del 2000, la comercialización a través de los teléfonos móviles de servicio de mensajes cortos (SMS) se convirtió en algo cada vez más común en Europa y en algunas partes de Asia. En consecuencia, la comercialización de SMS se ha convertido en un canal legítimo para la publicidad tanto en las economías desarrolladas como en desarrollo de todo el mundo. En promedio, se estima que los mensajes SMS se leen dentro de los cuatro minutos después de la entrega a un dispositivo móvil. Esto hace que el marketing móvil sea muy atractivo para las marcas.

A diferencia del SMS, el servicio de mensajes multimedia (MMS) combina la entrega de imágenes, texto, audio y video. Casi todos los nuevos teléfonos con una pantalla a color son capaces de enviar y recibir mensajes MMS estándar. Las marcas son capaces de enviar y recibir contenido rico a través de MMS A2P (aplicación-a-persona) a las redes móviles de los suscriptores móviles. En algunas redes, las marcas también son capaces de patrocinar mensajes P2P (persona a persona).

Las notificaciones Push se han hecho populares debido a su uso en teléfonos inteligentes con sistemas operativos iOS y Android. Estas notificaciones aparecen en la parte superior de la pantalla del dispositivo y sirven como mecanismos eficientes para comunicarse directamente con los usuarios finales. A pesar de que potencialmente se puede ver como interruptivo por el usuario final, sus costos a largo plazo son más bajos que la comercialización de SMS.

El marketing móvil de juegos proporciona oportunidades adicionales para las marcas que buscan ofrecer mensajes promociónales dentro de los juegos móviles. Hay empresas que patrocinan juegos enteros para conducir al consumidor al compromiso, una práctica conocida como advergaming móvil o juegos móviles ad-financiado.

Los sistemas de publicidad de contenido móvil proporcionados por los gustos en Yahoo! y Google permiten a las marcas la compra de palabras clave específica para anuncios móviles. Además, los formularios web en las páginas web pueden ser utilizados para la integración con fuentes de mensajes de texto móvil para recordatorios acerca de las reuniones, seminarios y otros eventos importantes para los usuarios que están lejos de sus ordenadores portátiles o de sobremesa.

(QR) los códigos de respuesta rápida también han ganado popularidad después de haber sido introducidos en los mercados móviles de Europa y Asia. Actuando como un hiper-vínculo visual a una página, los códigos QR permiten a los usuarios saltar a una página optimizada con una oferta móvil. Los códigos QR sólo comenzaron a ser utilizados en la publicidad móvil en América del Norte a partir del año 2011; las compañías reconocieron la tecnología como una herramienta muy poderosa para el inicio de la participación de los consumidores en un momento en que el mensaje de marketing es más probable que desencadena su respuesta más emocional – el impulso del momento - para el usuario final.

Además de los códigos QR, otras herramientas utilizadas por los vendedores móviles para mejorar la mensajería selectiva y reducir los costos de comercialización incluyen los servicios basados en la localización, sistemas de tecnología bluetooth y de proximidad, tales como servicio de mensajes cortos - Difusión celular (SMS-CB).

VENTAJAS Y DESVENTAJAS DEL MOBILE MARKETING

Algunas de las principales ventajas del marketing móvil son la proximidad de los dispositivos móviles a los propietarios, así como el carácter habitual del uso de teléfonos móviles, teléfonos inteligentes y tabletas informáticas. La distribución de los mensajes promociónales y publicitarios personalizadas según ubicación, geografía e intereses personales del destinatario a través de redes inalámbricas hace el marketing móvil muy rentable dado el potencial y el alcance de la audiencia.

Sin embargo, las prácticas de marketing móvil presentan desafíos alrededor de los problemas de privacidad sobre los datos de los usuarios. Las tácticas de Push Marketing - La publicidad móvil que se envía sin el permiso de los consumidores, requiere haber causado violaciones de privacidad. Aunque la publicidad móvil se ha convertido cada vez en algo más popular con el creciente uso de las tabletas y los teléfonos inteligentes, numerosos problemas han surgido debido a la naturaleza personal y la proximidad de los dispositivos móviles a los usuarios. Algunas de las principales preocupaciones en torno a la privacidad incluyen el spam móvil, identificación personal, información de ubicación y seguridad inalámbrica.

Organismos de la industria, incluyendo el Interactive Advertising Bureau y la Asociación de Marketing Móvil han establecido pautas para prevenir mensajes de spam y la práctica de las compañías miembro en la venta de bases de datos a terceros.

Sin embargo, estas normas de autorregulación también se encuentran en el lugar para apoyar a los vendedores que buscan incorporar el marketing móvil en sus estrategias de comunicaciones de marketing.

EL COMPORTAMIENTO SOCIAL DE LOS CONSUMIDORES DIGITALES

Entender el comportamiento social de los consumidores en línea y fuera de línea es esencial para el desarrollo de estrategias de comunicación de marketing viables.

Puntos clave

- Tradicionalmente, el comportamiento del consumidor es el estudio de los individuos, grupos u organizaciones y de los procesos que utilizan para seleccionar, adquirir y enajenar productos, servicios, experiencias o ideas.
- La aparición de tecnologías web como los medios de comunicación sociales permiten más oportunidades para los consumidores, especialmente las generaciones más jóvenes, que experimentan interacciones sociales con más personas y organizaciones.
- Las marcas deben reconocer la importancia de los factores demográficos como la edad y el género en la evaluación de la conducta social de los consumidores en línea.
- Las empresas suelen utilizar técnicas de segmentación por comportamiento de los consumidores en función de su comportamiento en línea.

Términos

- Psicografía: Ciencia del uso de la psicología y la demografía para entender mejor a los consumidores.
- Gestión De Relaciones Con Clientes: Un modelo ampliamente aplicado para la gestión de las interacciones de la empresa con los clientes, los clientes y las perspectivas de ventas. Se trata de utilizar la tecnología para organizar, automatizar y sincronizar los procesos de negocios -principalmente las actividades de ventas, así como también las de mercado, servicio al cliente y soporte técnico. También conocido por el acrónimo "CRM".
- La Segmentación Por Comportamiento: La gama de tecnologías y técnicas utilizadas por los editores de sitios web en línea y los anunciantes que les permite aumentar la eficacia de sus campañas por la captura de datos generada por el sitio web y la página de destino a los visitantes.

Los medios digitales y sociales han estimulado a las marcas a desarrollar tácticas de investigación que avancen en el ámbito de la conducta social de los consumidores en línea. La observación y la comprensión de cómo los consumidores se comportan e interactúan entre sí ha dado lugar a la introducción de la nueva semántica del análisis de las tecnologías que permiten a las empresas controlar los patrones de compra de los consumidores sobre la base de compartir y publicar contenido. Los datos ayudan a las ventas y a los profesionales de marketing a mejorar la segmentación.

Las generaciones más jóvenes utilizan los dispositivos móviles y la web para aumentar su número de interacciones sociales.

COMPORTAMIENTO DEL CONSUMIDOR

Tradicionalmente, el comportamiento del consumidor es el estudio de los individuos, grupos u organizaciones y los procesos que utilizan para seleccionar, adquirir y disponer de los productos, servicios, experiencias o ideas. Sus compras están destinadas a satisfacer necesidades. La investigación ha demostrado que el comportamiento de los consumidores es difícil de predecir, incluso para los expertos en comunicaciones de marketing. El marketing de relaciones, la retención de clientes, la gestión de relaciones con clientes (CRM) y la personalización son tácticas utilizadas para evaluar el comportamiento del consumidor.

Sin embargo, el comportamiento del consumidor también se ve influido por las condiciones internas, como la demografía, psicografía (estilo de vida), la personalidad, la motivación, el conocimiento, las actitudes, las creencias y sentimientos. Los factores psicológicos incluyen la motivación de un individuo, la percepción, actitud y creencias, mientras que los factores personales incluyen el nivel de ingresos, la personalidad, la edad, la ocupación y estilo de vida.

TIPOS DE COMPORTAMIENTOS DEL COMPRADOR

Una amplia investigación se utiliza a menudo para entender lo que atrae a los compradores; colores, disparadores de pensamiento, imágenes y sonidos; todos los cuales abordan los comportamientos de compra psicológicos. El comportamiento de compra de la sociedad incorpora la identificación y la sugerencia de que se solicitará un comportamiento específico del comprador. Cuando una empresa contrata a un portavoz o personalidad para promover un producto, están utilizando el comportamiento de compra de la sociedad para conectar las acciones del comprador a la del portavoz o la personalidad involucrada. Del mismo modo, la psicografía es usada frecuente ya que ofrece información sobre el estilo de vida y los rasgos de personalidad de los compradores.

El comportamiento de compra situacional implica un escenario o un evento que influye en un comprador para la compra de productos específicos. Tal vez sea el hecho de que los compañeros han comprado el mismo producto o un producto determinado se ha convertido en un "símbolo de estatus". Sea cual sea el comportamiento del comprador la razón es a menudo afectada.

TENDENCIAS DE COMPORTAMIENTO ONLINE

El nacimiento de las redes sociales y los medios sociales proporciona una manera fácil para que la gente se conecte a la web. Las personas utilizan las redes sociales para conocer a nuevos amigos, encontrar viejos amigos o localizar a personas con problemas e intereses similares. La información que la gente pública, así como las relaciones que establecen en línea, a menudo transfieren en un entorno fuera de línea. Mientras que algunos críticos han atribuido el descenso de la calidad en la comunicación interpersonal y las relaciones humanas por el crecimiento de los medios sociales, otros apuntan a las tecnologías web y móviles como una forma para que las generaciones más jóvenes experimenten interacciones más sociales.

La edad y el género influyen en cómo se utilizan los dispositivos móviles y la web y cómo se toman las decisiones. Mientras que los adolescentes y las mujeres adultas son más activos en el envío de mensajes SMS, los varones envían y reciben más llamadas de audio. Psicológicamente, la investigación muestra que los hombres parecen adoptar la tecnología más rápido y tienen más incentivos para probar nuevas características. Esto podría ser debido a una diferencia en las actitudes masculinas y femeninas hacia la nueva tecnología. Las mujeres tienden a ver la tecnología como una herramienta, mientras que los hombres lo ven como entretenimiento.

Reconociendo la intersección entre el comportamiento social y las tecnologías web es imprescindible para las marcas que buscan anunciar productos y servicios que son relevantes para los compradores. Para implementar una solución viable integrando estrategias de comunicaciones de marketing que incorpora estos datos, las empresas emplean técnicas como el Behavioral Targeting para la comprensión, la recolección y análisis en línea y la información del consumidor fuera de línea.

RECOPILACIÓN Y ANÁLISIS DE DATOS EN LÍNEA DEL CONSUMIDOR

Las marcas suelen utilizar técnicas de segmentación por comportamiento en el mercado para los consumidores en función de su comportamiento en línea. Las marcas aumentan la eficacia de sus campañas mediante la captura de datos sobre los usuarios de Internet que visitan sus páginas de inicio del sitio web. Los sitios web identifican los visitantes mediante la asignación de un identificador único (cookie) a todas y todos los visitantes del sitio. Esto permite a la plataforma de seguimiento de los usuarios a lo largo de su viaje web tomar decisiones basadas en reglas sobre el contenido de lo que debe servir. Sin embargo, cuando la orientación de comportamiento se hace sin el conocimiento de los usuarios, puede ser considerada como una violación de la seguridad del navegador y hasta ilegal dependiendo de la privacidad del país, protección de datos y las leyes de protección al consumidor. Para vigilar y medir el comportamiento en las redes sociales, las empresas utilizan herramientas de análisis proporcionadas por la plataforma de medios sociales o proveedores externos.

Una vez más, estos datos de comportamiento se pueden combinar con los datos demográficos conocidos y el historial de compra de un visitante a fin de producir un mayor grado de puntos de datos que se pueden utilizar para la orientación. Los sistemas de segmentación por comportamiento in situ auto-monitorearán la respuesta del visitante al contenido del sitio y aprenderán lo que es más probable que genere un evento de conversión deseada (es decir, la compra de los consumidores). Behavioral targeting también se puede utilizar para servir muchos anuncios a través de muchos sitios diferentes en función de la composición demográfica probable de los usuarios de Internet. Por ejemplo, un sitio web puede suponer que un usuario de Internet es masculino basado en la visita del usuario al fútbol y sitios de moda masculina.

LOS CONSUMIDORES QUE GENERAN CONTENIDOS DIGITALES

El contenido generado por el consumidor puede ser texto, imágenes, video u otra información digital publicada y compartida por los usuarios finales.

Puntos clave

- Ejemplos de contenidos digitales generados por el consumidor incluyen vídeos, blogs, microblogs, wikis y podcasts.
- El contenido generado por el consumidor a través de interfaces digitales proporciona a las marcas conocimientos sobre el comportamiento del consumidor.
- Además de los medios sociales, el contenido generado por el usuario también puede emplear una combinación de open source, software libre y los mecanismos de concesión de licencias flexibles.

Términos

- Discurso: Una larga exposición oficial de algún tema, ya sea hablado o escrito.
- Widget: Cualquiera de los componentes de la interfaz gráfica de usuario de una aplicación informática, como por ejemplo un botón cancelar o la caja de entrada de texto con la que un usuario interactúa.

El tipo de contenido digital creado, editado y compartido por los usuarios de Internet varía en función de los medios de comunicación y la tecnología disponible. El término "contenido generado por el usuario" entró en uso corriente durante el año 2005, después de su publicación en la web y los nuevos círculos de producción de contenidos de los medios. El contenido del consumidor se aplica en áreas que incluyen el procesamiento de problemas, noticias, cotilleos y la investigación. La proliferación de contenido generado por el consumidor, que ha coincidido con el auge de los medios sociales, refleja la expansión de la producción de los medios de comunicación a través de nuevas tecnologías que sean accesibles y asequibles al público en general.

Twitter para el iPad

Las empresas emplean el contenido generado por el consumidor a través de aplicaciones móviles, como Tablets.

El contenido generado por el consumidor fomenta la colaboración y el discurso, así como la conversación básica entre las personas y entidades con los mismos intereses, preocupaciones o profesiones. La capacidad de la web para eliminar las restricciones geográficas y de tiempo ha abierto más puertas para aumentar la colaboración y el intercambio entre los usuarios y las organizaciones que están físicamente separadas pero conectadas digitalmente. Esto ha producido un tesoro de conocimiento del consumidor para las compañías que buscan aumentar el conocimiento de la marca y construir relaciones con los clientes a través de múltiples interfaces y canales de comunicación.

Blogging, microblogging y redes sociales son algunas de las formas más populares de contenido generado por el usuario. Sin embargo, todas las tecnologías de los medios digitales son consideradas "Contenido generado por el usuario". Ejemplos de estas tecnologías incluyen:

- Pregunta-respuesta a bases de datos (Por ejemplo, Yahoo! Respuestas, Ask.com)
- Vídeo digital (por ejemplo, YouTube, Vimeo)
- Blogs (por ejemplo, Blogger, Weebly)
- Los microblogs (por ejemplo, Tumblr, Twitter)
- Podcasting (por ejemplo, iTunes)
- Review-sitios (por ejemplo, Yelp, TripAdvisor)
- Las redes sociales (por ejemplo, Facebook, MySpace)
- Wikis (por ejemplo, Wikipedia)

Además de estos medios digitales, el contenido generado por el usuario también puede emplear una combinación de código abierto, software libre y la concesión de licencias flexibles o acuerdos relacionados para reducir aún más las barreras a la colaboración, el desarrollo de habilidades y el descubrimiento. Los sitios de medios sociales como Facebook y Google+ incluyen características micropost como actualizaciones de estado, así como "me gusta" y botones de acción para fomentar la interacción entre los usuarios. Sitios web de terceros y publicaciones en línea ayudan a facilitar la publicación y difusión de los contenidos generados por los usuarios incluyendo la barra lateral Widget en sus páginas web. Estos iconos digitales permiten a los usuarios enlazar directamente a diferentes cuentas de redes sociales, donde pueden entrar de forma automática y compartir noticias, imágenes, videos y otros contenidos en el sitio web de terceros.

El Comportamiento del Consumidor Online

Los anunciantes web estudian el comportamiento en línea y utilizan los resultados para aumentar la eficacia de sus campañas.

Puntos clave

- Los editores del sitio pueden utilizar los datos generado a partir de páginas web, la cantidad de tiempo dedicado a cada página, el clic en los enlaces y las búsquedas que se realicen para crear audiencia definida por segmentos basada en los visitantes que tienen perfiles similares.
- Cuando los visitantes regresan a un sitio en particular con el mismo navegador web, los perfiles generados a partir de la recopilación de datos se pueden utilizar para permitir a los anunciantes colocar sus anuncios en línea frente a aquellos visitantes que exhiben un mayor nivel de interés y la intención de compra de los productos y servicios que ofrece
- Muchos usuarios están preocupados por los problemas de privacidad alrededor de este tipo de orientación. La industria está tratando de contener estas preocupaciones mediante la educación, la defensa y las

limitaciones para mantener toda la información de identificación no personal.

Términos

- Segmentos: Segmento de mercado - los subgrupos más pequeños que comprenden un mercado.
- Cookie: También conocido como http cookie, Cookie web o el navegador de cookies, por lo general es una pequeña pieza de datos que se envía desde la web y se almacena en el navegador web de un usuario mientras un usuario está navegando por una página web.
- Los Tipos De Conversión: En la comercialización en Internet, la tasa de conversión es la proporción de visitantes que convierten vistas de contenido casuales o visitas al sitio web en las acciones deseadas en base a las solicitudes sutiles o directas de los vendedores, publicistas y creadores de contenido.

Ejemplos

Como parte de la integración con DoubleClick, Google utiliza cookies de DART de DoubleClick para mejorar la forma en que los anuncios aparecen en la red de contenido de Google. La lista de mejoras incluye reportajes en profundidad para los anunciantes y anuncios que impiden que se muestren con demasiada frecuencia a un mismo usuario. La integración pronto se expandirá ya que Google tiene la intención de ofrecer la orientación de comportamiento o de la publicidad basada en intereses. La cookie de DoubleClick contiene un identificador único que se asocia con todas las páginas visitadas, que incluyen los anuncios distribuidos por DoubleClick. Si usted está visitando un montón de páginas relacionadas con la música, Google le colocará en una de las 600 categorías predefinidas (probablemente, los entusiastas de la música) y utilizará esta información para mostrar más anuncios acerca de la música.

Cuando los consumidores visitan un sitio web, se recopilan los datos sobre su comportamiento en línea. El sitio recopila información sobre el visitante que incluye lo siguiente:

- Páginas visitadas
- La cantidad de tiempo gastado en cada página
- Links clicados
- Búsquedas realizadas
- Componentes con los que interactúa

Los sitios recogen los datos, junto con otros factores, y crean un perfil que enlaza con el navegador web de ese visitante.

Los editores del sitio pueden entonces utilizar estos datos para crear segmentos de público definido en base a los visitantes que tienen perfiles similares. Cuando los visitantes regresan a un sitio específico o una red de sitios que utilizan el mismo navegador web, los perfiles se pueden utilizar para permitir a los anunciantes colocar sus anuncios en línea frente a aquellos visitantes que exhiben un mayor nivel de interés y la intención de comprar los productos y servicios que se ofrece.

En la teoría de que los anuncios dirigidos adecuadamente tendrán más interés por parte de los consumidores, el editor (o vendedor) puede cobrar una prima por este tipo de anuncios sobre la publicidad al azar (o anuncios) basándose en el contexto de un sitio. El marketing de comportamiento puede ser utilizado por sí mismo o en combinación con otras formas de orientación en función de factores como la geografía, demografía o contenido de la página web contextual. Vale la pena señalar que muchos profesionales también se refieren a este proceso como de audiencia.

BEHAVIORAL TARGETING

Behavioral targeting se refiere a una serie de tecnologías y técnicas utilizadas por los editores de sitios web en línea y los anunciantes que les permiten aumentar la eficacia de sus campañas por la captura de los datos generados por el sitio web y la página de destino de los visitantes.

Las técnicas de segmentación por comportamiento también se pueden aplicar a cualquier propiedad en línea en la premisa de que, o bien mejora la experiencia de los visitantes o beneficia la propiedad en línea, por lo general a través de un aumento de las tasas de conversión o el aumento de los niveles de gasto. Algunos de los primeros en adoptar esta tecnología / filosofía fueron de los siguientes:

- Los sitios de publicación, tales como HotWired
- La publicidad en línea con los servidores principales de publicidad en línea
- Venta al por menor
- Otros sitios web e-commerce

¿QUÉ PASA CON MI PRIVACIDAD?

Muchos usuarios y grupos están preocupados por temas de la privacidad en torno a este tipo de orientación. Se trata de una polémica que la industria de la segmentación por comportamiento está tratando de contener a través de la educación, la defensa y las limitaciones de productos para mantener toda la información de identificación personal de los usuarios finales o para obtener permiso.

La Comisión Europea también ha planteado una serie de problemas relacionados con la recolección de datos en línea (datos personales), el perfil y la segmentación por comportamiento, y está tratando de hacer cumplir los reglamentos existentes. Ya que la segmentación por comportamiento no es nueva y muchas empresas la están utilizando, empresas como Google tratan de aliviar las preocupaciones acerca de perfiles de usuarios. No crearán categorías de interés sensibles, como la raza o la religión, y no se correlacionarán los datos con otra información guardada en las cuentas de Google.

El Comportamiento del Consumidor Mobile

Las aplicaciones de medios sociales para los dispositivos móviles son una forma efectiva de hacer publicidad a los consumidores ya que los consumidores pasan mucho tiempo con sus dispositivos móviles.

Puntos clave

- Los consumidores puede recibir mensajes de texto sobre las ventas y las promociones en sus tiendas, restaurantes, clubes nocturnos favoritos, etc. Por lo general, las personas pueden hacer clic en un enlace que los dirigirá a la página web de su interés.
- Hay cuatro tipos de aplicaciones móviles sociales, dependiendo de si el mensaje es de ubicación sensible y / o sensible al tiempo.
- El uso de Internet en el teléfono móvil se ha duplicado en muchos países desde 2008.

Términos

- SMS: Un mensaje de texto enviado por un teléfono móvil.
- MMS: Servicio de Mensajes Multimedia - Forma estándar para enviar mensajes que incluyen contenido multimedia desde y hacia teléfonos móviles.

Ejemplos

Starbucks ha hecho que sea más fácil que nunca comprar café. Los consumidores disfrutan de la eficiencia y la conveniencia de hacer compras con sus dispositivos móviles mediante la descarga de la aplicación Starbucks. Aquellos que usan la aplicación reciben descuentos, cupones y otras ofertas promociónales y puede encontrar el Starbucks más cercano.

Las aplicaciones de medios sociales utilizados en los dispositivos móviles son llamados medios sociales móviles. En comparación con los medios de comunicación social tradicionales a los que se accede desde las computadoras, los medios móviles muestran una mayor localización y un mayor tiempo de sensibilidad. Uno puede distinguir entre cuatro tipos de aplicaciones de medios sociales móviles, dependiendo de si el mensaje tiene en cuenta la ubicación específica del usuario (ubicación-sensible) y si es recibida y procesada por el usuario instantáneamente o con un retardo de tiempo (tiempo-sensible).

1. Espacio-tiempo (lugar y tiempo sensible): Intercambio de mensajes pertinente para una ubicación específica en un momento específico en el tiempo (por ejemplo, Facebook Places, Foursquare)
2. Espacio-localizadores (sólo la ubicación es sensible): Intercambio de mensajes, pertinentes para una ubicación específica, que están marcados a un cierto lugar y que se leen más tarde por otros (por ejemplo, Yelp, Qype)
3. Quick timers (sólo el tiempo es sensible): La transferencia de aplicaciones de medios sociales

tradicionales a los dispositivos móviles para aumentar la inmediatez (por ejemplo, el envío de mensajes de Twitter o actualizaciones de estado de Facebook)

4. Show timers (ni la ubicación ni el tiempo son sensibles): Transferencia de aplicaciones de medios sociales tradicionales a los dispositivos móviles (por ejemplo, ver un video de YouTube o leer una entrada de la Wikipedia)

Dado que estas aplicaciones de medios sociales pueden ser utilizadas en los dispositivos móviles, son un buen objetivo para el marketing en medios sociales. Por ejemplo, los SMS para comercialización se han hecho cada vez más populares. Los consumidores pueden recibir mensajes de texto sobre las ventas y promociones en sus tiendas favoritas, restaurantes, clubes nocturnos, etc. Por lo general, las personas pueden hacer clic en un enlace que los dirigirá a la página web. Las personas son capaces de realizar compras a través de la comodidad de sus teléfonos.

Los MMS pueden contener una presentación sincronizada de imágenes, texto, audio y video. Casi todos los nuevos teléfonos fabricados con una pantalla a color son capaces de enviar y recibir mensajes MMS estándar. Las marcas son capaces de enviar y recibir contenido rico a través de MMS A2P (aplicación-a-persona) de las redes móviles a los suscriptores móviles. En algunas redes, las marcas también son capaces de patrocinar mensajes que se envían P2P (persona a persona). Buenos ejemplos de campañas de marketing originadas desde móviles MMS son las campañas de Motorola en el House of Blues, donde la marca permitía al consumidor enviar sus fotos móviles a la pizarra electrónica en tiempo real, así como publicar sus imágenes en línea.

Las notificaciones Push se introdujeron por primera vez por Apple con el nacimiento del iPhone en 2007. Fueron popularizadas con el sistema operativo Android, en el que las notificaciones se muestran en la parte superior de la pantalla. Se ha ayudado a que los propietarios de aplicaciones se comuniquen directamente con sus usuarios finales de una manera sencilla y eficaz. Los usuarios pueden descargar aplicaciones y recibir notificaciones acerca de las actividades de promoción. Al hacer clic en la notificación, envía al consumidor directamente a la página web si es necesario para obtener más información y tal vez hacer una compra.

iPhones y Notificaciones Push

Las notificaciones Push se introdujeron primero en smartphones, en concreto el iPhone, como una nueva manera de hacer publicidad a los clientes.

La publicidad en páginas web destinadas específicamente para el acceso de los dispositivos móviles es también una opción. La Mobile Marketing Association proporciona un conjunto de directrices y normas que proporcionan el formato recomendado de anuncios, presentaciones y las métricas utilizadas en los informes. Google, Yahoo y otros proveedores de contenido móvil importantes han vendido la colocación de la publicidad en sus propiedades durante años. Las Redes de Publicidad se centraron en las propiedades móviles y los anunciantes también están disponibles.

¿DÓNDE PASAN MÁS TIEMPO LOS CONSUMIDORES?

El análisis de los estilos de vida y los lugares en donde los consumidores pasan el tiempo se puede utilizar para campañas de marketing eficaces.

Puntos clave

- Desde un centro comercial a una sola tienda al por menor pueden considerarse un mercado. La gente pasa tiempo en ambos, por lo que averiguar dónde van a hacer compras es clave para la comercialización eficaz.
- Puesto que los clientes deben ser atraídos hacia los lugares donde se realizan las transacciones, esta identificación de los mercados es útil para la toma de decisiones.
- Las empresas pueden beneficiarse de la personalización de precios a los diferentes clientes en función de su ubicación.

Términos

- Mercado: Una de las muchas variedades de los sistemas, las instituciones, los procedimientos, las relaciones sociales y las infraestructuras de las que las partes participen en el intercambio.

- World Wide Web (WWW): En conjunto, todas las páginas web en Internet que tienen hipervínculo entre sí y con otros tipos de documentos y medios de comunicación.

Partiendo de que un intercambio implica dos o más personas, es natural pensar en el mercado en términos de personas, individuos o grupos. Es evidente que sin la existencia de las personas o empresas para comprar y consumir bienes, servicios e ideas, habría pocos motivos para su comercialización. Dado que las personas crean mercados, es esencial centrarse en los grupos de personas y los lugares que visitan para implementar la mejor estrategia de marketing. La WWW se ha convertido en un importante, aunque virtual, lugar en el que las empresas están gastando más tiempo y dinero para apuntar y alcanzar a los consumidores de influencia.

Más y más consumidores están haciendo compras en línea, en lugar de en los puntos de venta físicos tradicionales, como tiendas y centros comerciales.

EL CRECIMIENTO DE LOS MEDIOS SOCIALES

Internet, o más concretamente, la World Wide Web, ha eliminado el tiempo y las limitaciones geográficas para los consumidores y las empresas que buscan conectarse independientemente de su ubicación física. Las redes sociales permiten que los usuarios se unan en torno a temas similares, tareas y personas, la creación de comunidades en línea han demostrado ser blancos lucrativos para la publicidad en línea. A diciembre de 2012, Facebook contaba con más de mil millones de usuarios activos, con más de la mitad del acceso a la red social a través de un dispositivo móvil. La información personal que va desde el día del cumpleaños y la profesión, a las fotos de la familia y el rendimiento de juegos multi-usuario ayuda a los vendedores que buscan mejorar la promoción en nichos difíciles de llegar.

LOS USUARIOS NATIVOS DIGITALES Y OTROS USUARIOS TECNOLÓGICOSUSUARIOS NATIVOS DIGITALES Y OTROS USUARIOS DE LA TECNOLOGÍA

Además de la rápida adopción de las tecnologías de Internet entre los consumidores y las empresas, el mundo está viendo una generación de personas nacidas después de la aparición de

71

la web comercial en la edad adulta. A menudo apodados, "nativos digitales", estas personas sólo han conocido un mundo con Internet y están tan o más cómodos interactuando con las marcas en línea en lugar de entornos offline. Más importante aún, entienden el valor de la tecnología digital y la utilizan para buscar oportunidades, ya sea para iniciar amistades, ser jueces de una marca o hacer una compra.

Los consumidores también tienen acceso cada vez más a la información desde los dispositivos móviles, en comparación con computadoras de escritorio o portátiles. Los horarios ocupados y agitados están impulsando a la gente a ver y acceder a mensajes de marcas en sus teléfonos inteligentes, tabletas y consolas de juegos. La creciente legión de usuarios de telefonía móvil, así como la creciente sofisticación de los compradores en línea y su preferencia por contenido relevante, digital, seguirán presionando a los vendedores para producir apuntado a la mensajería para la web.

Los Cambios en el Producto, Distribución, Promoción y Precios

Los equipos de marketing deben ajustar sus estrategias de marketing en consecuencia para adaptarse y tener éxito en un entorno de medios en rápida evolución.

Puntos clave

- Aunque la manera de comercializar nuevos productos y servicios ha cambiado, el objetivo primario del negocio es atraer valor social y económico.
- Las organizaciones de marketing deben estar preparadas para alterar las características del producto y los ingredientes en base al consumidor y al medio de comunicación.
- Las marcas debe asegurarse de que sus sitios web de comercio electrónico trabajan en concierto con la distribución en los canales offline tales como los centros de despacho y almacenes.
- El precio - el principal medio por el cual un cliente evalúa el atractivo de un producto o servicio- también puede verse afectado por los medios de comunicación social, que ofrecen un acceso más amplio a los clientes a través de los canales en línea.

Términos

- World Wide Web: En conjunto, todas las páginas web en Internet que tienen hipervínculo entre sí y con otros tipos de documentos y medios de comunicación.
- Responsabilidad: El estado de ser responsable; el riesgo de ser llamados a rendir cuentas; responsable de; responder por.
- Medios De Comunicación Social: Los formularios interactivos de los medios de comunicación permiten a los usuarios interactuar con él y publicar, generalmente por medio de Internet.

Desde su aparición en la década de 1990, la World Wide Web ha cambiado fundamentalmente la manera en que las empresas se dirigen a los usuarios y consumidores finales. Hoy en día, el mix marketing - producto, ubicación, promoción y precio - debe tener en cuenta tanto a los compradores en línea como fuera de línea; los medios tradicionales y los medios digitales. Las tecnologías de medios sociales como los sitios de redes sociales, así como las plataformas digitales, incluyendo teléfonos inteligentes y tabletas informáticas, han cambiado la forma de acceso de los usuarios y la información al consumidor. Los equipos de marketing deben ajustar su mezcla de estrategias de marketing en consecuencia para adaptarse y tener éxito en un entorno de medios en rápida evolución.

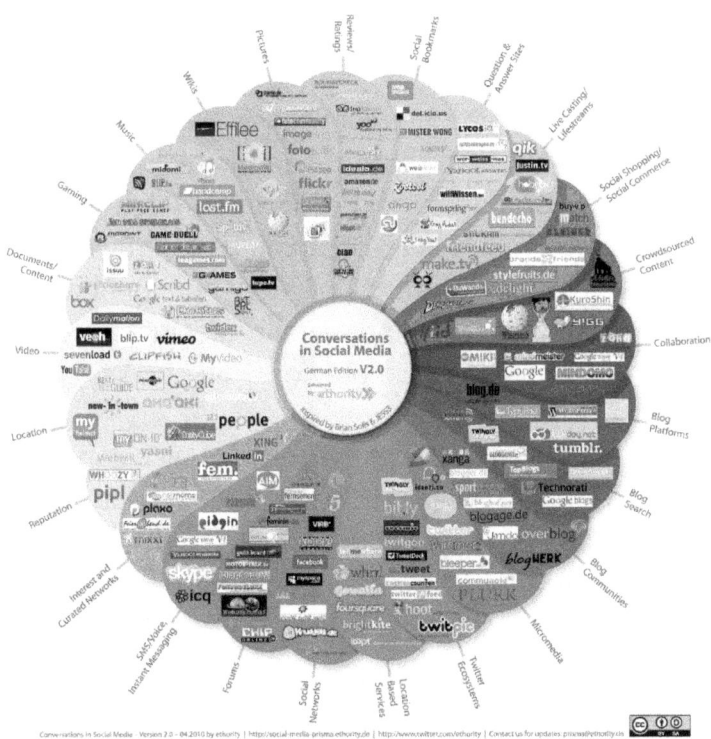

Las conversaciones en los medios sociales

Los consumidores intencionalmente o no utilizan los medios sociales para adquirir, evaluar y, en última instancia influir en una marca.

EL MIX DE MARKETING EN EL MERCADO DIGITAL

Internet ha cambiado la forma de hacer negocios en el mundo actual. En consecuencia, las variables de segmentación de marketing, orientación y posicionamiento se tratan de manera diferente. Aunque la forma en que los nuevos productos y servicios se comercializan ha cambiado, el objetivo principal de negocio de traer valores económicos y sociales no ha variado. De hecho, todas las empresas buscan implementar una mezcla de marketing que aumente los ingresos y ganancias, y que expanda el conocimiento de la marca, y construya las bases de clientes. Sin embargo, los vendedores deben tener en cuenta los siguientes puntos, que inevitablemente afectarán a su producto, estrategias de promoción y de precios:

- El cambio de medios de comunicación que hacen publicidad a múltiples formas de comunicación.
- El cambio de los medios de comunicación a medios más especializados, que se centran en una audiencia objetivo específica.
- El cambio de un mercado dominado por el fabricante a uno controlado por el consumidor.
- El cambio de la publicidad general de enfoque al marketing para la comercialización basada en datos.
- El cambio de responsabilidad de agencia de baja a una mayor rendición de cuentas de agencia, sobre todo en la publicidad.
- El cambio de la compensación tradicional a una compensación basada en el rendimiento (aumento de las ventas o beneficios a la empresa).
- El cambio de acceso limitado a disponibilidad 24/7 en Internet y el acceso a bienes y servicios.

Cada elemento de la mezcla de marketing debe coordinarse con otros elementos en el programa de marketing para garantizar llegar al máximo de público objetivo y tener el mayor impacto.

El contenido generado por el usuario, una de las características clave de los sitios web de medios sociales, proporciona un canal de comunicación directo entre compradores y vendedores. Los productos y servicios están diseñados para satisfacer los deseos y necesidades. Comentarios, 'Likes' y otros mecanismos feedback hacen que sea aún más fácil para los clientes satisfechos o descontentos expresar su opinión no sólo a las marcas, sino también a los clientes actuales y potenciales.

PRODUCTO

Las organizaciones de marketing deben estar preparadas para alterar las características del producto y los ingredientes según lo dictado por los cambios en los consumidores, así como entornos competitivos y económicos. Sin embargo, los cambios de producto pueden ser impulsados por la actividad de las redes sociales de las partes interesadas externas en base a los consumidores de una marca. Greenpeace lanzó un ataque contra el uso de Nestlé de aceite de palma en sus productos y su impacto en el clima y los ecosistemas naturales. Cuando Nestlé intentó responder a las críticas a través de Facebook, la reacción del público fue grave. Como resultado de la publicidad viral, Nestlé, posteriormente, aumentó los esfuerzos de auditoria en su cadena de suministro y se comprometió a cancelar los contratos con cualquier empresa que llevara a cabo la tala de bosques tropicales para producir el aceite de palma que utiliza en sus productos.

DISTRIBUCIÓN

La colocación o distribución mueve los productos desde el productor hasta el consumidor. Con los sitios de Internet y los medios sociales, los consumidores ahora tienen acceso a más canales que nunca para la investigación, la adquisición y evaluación de productos. Tanto las marcas pequeñas como las grandes ofrecen sitios web que permiten a los usuarios de Internet navegar por productos y compartir sus "listas de deseos" o compras con amigos a través de sitios web de medios sociales. Amazon.com, el mayor minorista en línea del mundo, permite a comerciantes anunciar sus productos en el sitio de comercio electrónico de la compañía. Esto no sólo permite a los pequeños minoristas aprovechar la ventaja de la audiencia masiva en Amazon.com, sino también utilizar los centros de Amazon.com estratégicamente colocados cerca de los aeropuertos.

PRECIOS

Los precios - el principal medio por el cual el cliente juzga el atractivo de un producto o servicio - también pueden verse afectados debido a un acceso más amplio de los clientes a través de canales en línea. Amazon.com es principalmente un sitio de ventas con un modelo de ingresos por ventas y que genera ingresos mediante la adopción de un pequeño porcentaje del precio de venta de cada artículo que se vende a través de su sitio web. Amazon también permite a las empresas anunciar sus productos mediante el pago de una cuota para ser catalogado como productos destacados.

PROMOCIÓN

La promoción es probablemente el elemento del marketing mix más afectado por los medios de comunicación sociales. En esencia, los medios sociales son usados como un elemento o canal de comunicación para llegar a los clientes. Las actividades de promoción incluyen publicidad (mediante el uso de diferentes medios de comunicación), la promoción de ventas (ventas y oficios de la promoción) y las actividades de venta de carácter personal. También incluye la comercialización de patrocinio, marketing directo, marketing de base de datos y las relaciones públicas. Las redes sociales pueden actuar como sitios corporativos secundarios o terciarios que integran y vinculan estos elementos de promoción de nuevo a la mensajería de la marca. El contenido publicado por los usuarios de medios sociales también se incorporará a diferentes canales de comunicación (por ejemplo, crowdsourcing ideas para un comercial de televisión) y se utiliza para ampliar aún más el alcance de una marca y su presencia.

LAS APPS MOBILE EN EL CONTEXTO DEL MARKETING DIGITAL

Las campañas de marketing se pueden mejorar mediante el uso de aplicaciones móviles, diseñadas para funcionar exclusivamente en los teléfonos inteligentes y tabletas.

Puntos clave

- Permitir que su campaña aparezca en aplicaciones de terceros es una técnica útil. El uso de aplicaciones existentes con público objetivo es una buena manera de enviar un mensaje, sobre todo si los destinatarios son los mismos.
- Una empresa puede crear su propia aplicación para promover sus propias campañas de marketing. Ciertas características hacen las aplicaciones más favorables, como el GPS y cupones móviles. Proporcionar comodidad y hacer la aplicación tan fácil como sea posible es la mejor manera de atraer a los consumidores.
- El marketing viral se refiere a una técnica de marketing que utiliza las redes sociales preexistentes y otras tecnologías para producir incrementos en la marca. El uso de aplicaciones es un gran medio de comunicación para crear conciencia viral para las marcas.

Términos

- Aplicación Móvil: Una aplicación de software diseñada para funcionar en smartphones, tabletas y otros dispositivos móviles. Están disponibles a través de plataformas de distribución de aplicaciones, que típicamente son operados por el propietario del sistema operativo móvil.

Ejemplo

Statigram es una aplicación móvil que las redes sociales como Facebook utilizan para realizar un seguimiento de ciertos indicadores. Esto les permite ver las fotos más populares, los filtros y los vínculos que se están utilizando en Instagram (una aplicación para compartir fotos). Las marcas con las cuentas de Instagram pueden utilizar estas mediciones para inferir los productos que están atrayendo a los "me gusta" y el tráfico.

LAS APPS MOBILES

Una aplicación móvil (o móvil app) es una aplicación de software diseñada para funcionar en teléfonos inteligentes, computadoras tablet y otros dispositivos móviles. Están disponibles a través de las plataformas de distribución de aplicaciones, que normalmente son operadas por el propietario del sistema operativo para móviles, como la App Store de Apple, Google Play, Windows Phone Store y BlackBerry App World. Algunas aplicaciones son gratuitas, mientras que otras tienen un precio mínimo. Por lo general, se descargan desde la plataforma a un dispositivo de destino, tales como iPhone, BlackBerry, teléfono Android o Windows Phone. A veces pueden ser descargados a computadoras, como ordenadores portátiles o de sobremesa.

Las aplicaciones móviles se ofrecían originalmente para la productividad y la recuperación de información en general, incluido el correo electrónico, calendario, contactos, mercado de valores y la información meteorológica. Sin embargo, la demanda pública y la disponibilidad de las herramientas de desarrollo impulsaron la rápida expansión en otras categorías, como los juegos móviles, GPS y la ubicación basada en servicios, banca, seguimiento de pedidos y la compra de boletos. La explosión en el número y la variedad de aplicaciones de descubrimiento fue un desafío, que a su vez condujo a la creación de una amplia gama de análisis, fuentes de recomendación y de mejora. Estos incluyen blogs, revistas y servicios de aplicación de descubrimiento de línea dedicada. La popularidad de las aplicaciones móviles ha seguido aumentando, ya que su uso es cada vez más frecuente a través de los usuarios de teléfonos móviles. Un estudio de mayo de 2012 de comScore informó que durante el trimestre anterior, los suscriptores móviles utilizaron más aplicaciones que búsquedas en la web en sus dispositivos: 51,1% vs 49,8%, respectivamente.

LAS APPS Y EL MARKETING VIRAL

El marketing viral es posible a través de la creación de aplicaciones. El marketing viral se refiere a una técnica de marketing que utiliza las redes sociales preexistentes y otras tecnologías para producir incrementos en el conocimiento de la marca o para lograr otros objetivos de marketing (como venta de productos) a través de procesos de autorreplicación viral análogos a la propagación de virus o virus informáticos. Puede ser entregado por el boca a boca o reforzada por los efectos de la red de Internet y de las redes móviles. El marketing viral puede tomar la forma de clips de vídeo, juegos Flash interactivos, libros electrónicos, software, imágenes, mensajes de texto, mensajes de correo electrónico o páginas web.

Cuando una celebridad escribe un tweet sobre su última visita a una discoteca (que puede ser visto por todos los seguidores en una aplicación), mucha gente va a ver esto y a re-tweetearlo a sus seguidores. Esto crea un mensaje viral. Es una poderosa herramienta de marketing que requiere muy poco esfuerzo. Sólo se necesita una persona para establecer la cadena y el "virus" es capaz de propagarse. Esto puede ser replicado a muchos productos y servicios. El marketing viral es también posible a través de la comercialización de aplicaciones de terceros. El uso de aplicaciones existentes con públicos objetivos es una buena manera de transmitir un mensaje, sobre todo si los destinatarios son los mismos. Alternativamente, una empresa puede crear su propia aplicación para promover sus propias campañas de marketing.

TENDENCIAS EN LOS MEDIOS SOCIALES

La web en tiempo real y basada en la localización son las tendencias clave para que los vendedores alcancen su intento de desarrollar una imagen, crear conciencia y aumentar las ventas.

Puntos clave

- Twitter marca la tendencia en tiempo real, los usuarios pueden transmitir al mundo lo que están haciendo o lo que está en sus mentes dentro de un límite de 140 caracteres. Facebook hizo lo mismo con su "Live Feed", donde las actividades de los usuarios se publican tan pronto como se escriben.
- Foursquare ganó popularidad ya que permite a los usuarios "check-in" a los lugares que frecuentan en el momento. Gowalla utiliza el GPS en los teléfonos para crear una experiencia de usuario basada en la ubicación. Clixtr, también es un sitio de redes sociales basadas en la localización.
- Empresas como Monster.com han estado desarrollando de manera constante técnicas para aprovechar parte del potencial de las redes sociales.

Términos

- Web En Tiempo Real: Un conjunto de tecnologías y prácticas que permiten a los usuarios recibir la información tan pronto como es publicada por sus autores, en lugar de requerir de ellos o del software de verificación de una fuente de actualizaciones periódicamente.

Ejemplo

Cuando una empresa pone "Follow Me" en su página web, los consumidores entienden que esta petición se refiere a Twitter. Los medios sociales permiten a las empresas interactuar con los consumidores en múltiples niveles. Marcas como The Gap y Express cuentan con páginas de Twitter donde la gente puede leer sobre nuevos diseños y ventas.

A medida que la popularidad de las redes sociales está en un constante aumento, continuamente se están ideando nuevos usos de la tecnología. A la vanguardia de las nuevas tendencias en los sitios de redes sociales está el concepto de web en tiempo real y la web basada en la ubicación. En tiempo real permite a los usuarios contribuir con contenido que se emite casi instantáneamente, ya que se está subiendo, y es un concepto mucho más similar a las transmisiones en vivo de radio y televisión.

Twitter marca la tendencia para los servicios en tiempo real, en los que los usuarios pueden transmitir al mundo lo que están haciendo o lo que están pensando dentro de un límite de 140 caracteres. Facebook hizo lo mismo con su "Live Feed", donde las actividades de los usuarios se envían tan pronto como sucede. Mientras que Twitter se centra en las palabras, Clixtr, otro servicio en tiempo real, se centra en grupos para compartir fotos en donde los usuarios pueden actualizar sus cuentas con las fotos. Facebook, sin embargo, sigue siendo el principal sitio para compartir fotos. En abril de 2012, la red Pinterest se había convertido en la tercera mayor red social en los Estados Unidos.

Foursquare ganó popularidad, ya que permite a los usuarios "check-in" a los lugares que frecuentan en el momento. Gowalla es otro de esos servicios que funciona de la misma manera que lo hace Foursquare, aprovechando el GPS en los teléfonos para crear una experiencia de usuario basada en la ubicación. Clixtr, también es un sitio de redes sociales basadas en la localización, ya que los eventos creados por los usuarios son automáticamente etiquetados de forma geográfica, y los usuarios pueden ver los eventos que ocurren en las inmediaciones a través de la aplicación para el iPhone Clixtr. Recientemente, Yelp anunció su entrada en el espacio de las redes sociales basadas en la localización a través de check-ins con su aplicación móvil; si esto se hace en detrimento de Foursquare o Gowalla está aún por verse, ya que aún se considera un nuevo espacio en la industria de la tecnología de Internet.

Las empresas han comenzado a fusionar tecnologías y soluciones de negocio, tales como la computación en nube, con los conceptos de redes sociales. En lugar de conectar a los individuos sobre la base de los intereses sociales, las empresas están desarrollando comunidades interactivas que conectan a los individuos sobre la base de las necesidades o experiencias empresariales compartidas. Muchas de ellas ofrecen herramientas de redes especializadas y aplicaciones que se pueden acceder a través de sus sitios web, tales como LinkedIn. Otras compañías, como Monster.com, han estado desarrollando de manera constante un sitio más "socializado" para aprovechar parte del potencial de las redes sociales.

Un uso popular de esta nueva tecnología es la creación de redes sociales entre las empresas. Las empresas han encontrado que los sitios de redes sociales como Facebook y Twitter son grandes maneras de construir su imagen de marca. Según Jody Nimetz, autor de Marketing de Jive, hay cinco usos importantes para las empresas y medios de comunicación social: crear conocimiento de la marca, gestionar su reputación online, contratar empleados, conocer las nuevas tecnologías y competidores y generar clientes potenciales para las perspectivas posibles. Estas empresas son capaces de dirigir el tráfico a sus propios sitios en línea, mientras que sus consumidores y los clientes, tienen discusiones sobre cómo mejorar o cambiar productos o servicios. Estas tendencias de redes sociales crean formas divertidas para los consumidores y las empresas para interactuar con resultados mutuamente beneficiosos. Los consumidores obtienen mejores productos y las empresas obtienen la información que necesitan para atraer a más consumidores.

EL USO DE LOS MEDIOS SOCIALES EN LA INVESTIGACIÓN

Las tecnologías de los medios digitales están permitiendo a los investigadores utilizar herramientas cada vez más sofisticadas para recopilar datos a través de Internet.

Puntos clave

- Muchos métodos de investigación en línea están relacionados con las metodologías de investigación existentes, pero re-inventadas y re-pensadas para el ámbito de las tecnologías digitales, las normas y los medios de comunicación vinculados con Internet.
- Los métodos de investigación que incorporan medios digitales incluyen línea etnográfica, en línea con los grupos de enfoque, entrevistas en línea, ensayos clínicos en línea, experimentos basados en la web y los cuestionarios en línea.
- Aunque la naturaleza abierta y de colaboración de las comunidades de contenido ofrecen oportunidades para la investigación, las empresas también utilizan las comunidades en línea privadas centradas en marcas o segmentos de clientes.

Términos

- Etnografía: La rama de la antropología que describe científicamente las culturas humanas y las sociedades específicas.
- Homogéneo: De la misma clase; por igual, similar.

El campo de la investigación de Internet es relativamente nuevo y está en evolución. Los métodos de investigación en línea permiten a los investigadores utilizar herramientas digitales cada vez más sofisticadas para recopilar datos a través de Internet. Por lo tanto, en la práctica también se conoce como la investigación en Internet, la ciencia de Internet o iScience. Muchos de estos métodos de investigación en línea están relacionados con las metodologías de investigación existentes, pero re-inventadas y re-pensadas para el ámbito de las tecnologías digitales, las normas y los medios de comunicación relacionados con Internet. El crecimiento y la rápida adopción de las tecnologías de los medios sociales han introducido un nuevo nivel de complejidad y oportunidad para los investigadores digitales. La inclusión de la investigación de medios sociales puede proporcionar información única sobre el consumidor y segmentos de la sociedad.

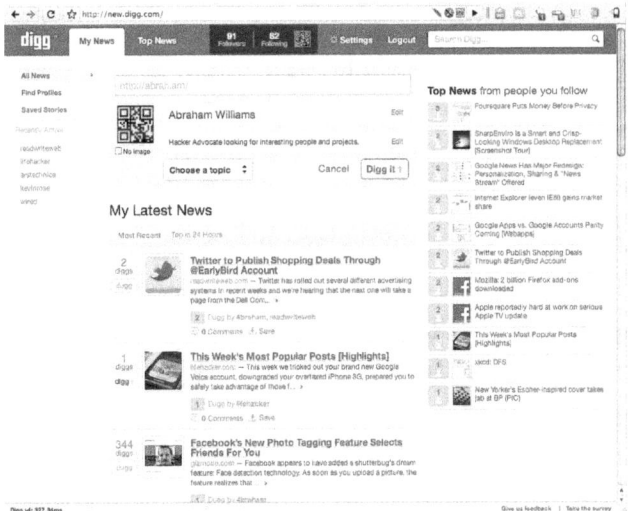

Sitios de marcadores sociales como Digg, se utilizan para recopilar investigaciones sobre diferentes mercados.

APLICACIÓN DE LOS MEDIOS SOCIALES EN LAS ÁREAS DE INVESTIGACIÓN

Los medios digitales, incluyendo imágenes, videos y audio pueden resultar valiosas fuentes para los investigadores de Internet. Los tipos específicos de los métodos de investigación que incorporan medios digitales incluyen:

- Etnografía Online
- Grupos de discusión en línea
- Entrevistas online
- Cuestionarios en línea

91

- Experimentos basados en la Web
- Ensayos clínicos en línea

VENTAJAS DE LA INVESTIGACIÓN DIGITAL

El estudio de mercado está haciendo cada vez más uso de los avances en las tecnologías Web 2.0 y las comunidades en línea. El análisis de los medios sociales permite a las marcas recoger información de manera eficiente y analizar la investigación cualitativa en la interacción del usuario con imágenes, vídeos, podcasts y otros medios digitales. Aunque la naturaleza abierta y de colaboración de las comunidades de contenido ofrece oportunidades para la investigación, las empresas también utilizan las comunidades en línea privadas centradas en las marcas individuales o segmentos de clientes. En estas comunidades privadas pueden participar grupos de clientes o consumidor objetivo que podrían ser difíciles de alcanzar con tácticas tradicionales. Las empresas son capaces de recopilar y agregar esta información a los consumidores para definir segmentos homogéneos de consumidores. Para suministrar ofertas de productos pertinentes, los datos se segmentan aún más con el uso en la empresa o las bases de datos de terceras partes; personalización de técnicas; o bien opt-ins de los propios consumidores.

Las marcas también se benefician de las comunidades en línea teniéndolas a su disposición para responder a preguntas, probar hipótesis y observar los ensayos en tiempo real. Las tecnologías digitales pueden adaptarse rápidamente a las necesidades de investigación de la organización, mientras se mantiene el ritmo interno del desarrollo de procesos. Los medios sociales y las plataformas digitales también producen un feedback con el consumidor, un bucle donde las marcas pueden comprobar continuamente nuevas ideas, como el desarrollo del producto, desde su concepción hasta su lanzamiento.

LA PRIVACIDAD DEL CONSUMIDOR

Los problemas de privacidad del consumidor giran en torno al uso legal (e ilegal) y la extracción de datos de los usuarios en los sitios web y las plataformas de medios sociales.

Puntos clave

- La preocupación de los consumidores por su privacidad se remonta a los primeros correos y bancos comerciales, que estaban obligados a tomar medidas enérgicas para proteger la privacidad del cliente para mantener la competitividad en el mercado.
- Con el surgimiento y la evolución de las telecomunicaciones, empresas y organizaciones han puesto en práctica medidas de privacidad en línea para proteger al cliente de que sus datos puedan ser robados o usados.
- Mientras que los usuarios de Internet pueden optar por aceptar o darse de baja en los sitios corporativos legítimos, algunos operadores de sitios web utilizan malware para recopilar información confidencial del usuario sin el conocimiento del mismo.

Términos

- **Difamación**: Dañar la reputación de otros por medio de la difusión de cualquier información calumniosa, por escrito u oralmente; el mal de herir maliciosamente el buen nombre de otros; calumnia.

Empresas y organizaciones comerciales cuentan con medidas de privacidad para el cliente para garantizar que los datos confidenciales de los mismos no son robados o usados. La preocupación sobre la privacidad del consumidor se remonta a los primeros correos comerciales y banqueros que fueron obligados a tomar medidas enérgicas para proteger la privacidad del cliente para mantener la competitividad en el mercado. El derecho a la privacidad de los consumidores ha originado la regulación de las empresas de telecomunicaciones, ya que este tipo de empresas potencialmente tenían acceso a cantidades ilimitadas de información sobre los hábitos de comunicación de los clientes.

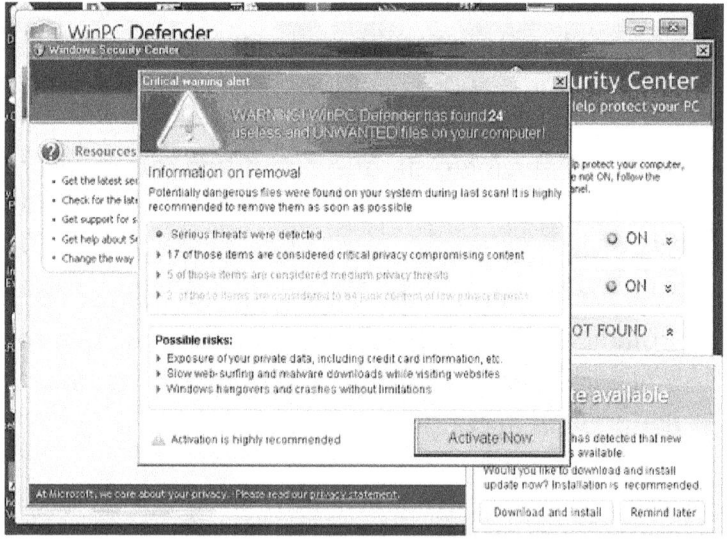

Malware

Algunos programas de malware están diseñados para recabar información confidencial de los usuarios sin su conocimiento.

Sin embargo, la creciente adopción de las tecnologías web y móviles, así como la capacidad de penetración de Internet, ha dado lugar a otras preocupaciones sobre la privacidad de los consumidores en línea. Al tiempo que la web ofrece una plataforma de colaboración para que los consumidores realicen búsquedas y compartan y publiquen contenido, también los expone a problemas de privacidad, incluyendo el spam, seguimiento de datos, malware, robo de identidad y difamación.

Como la mayoría de las organizaciones tienen un fuerte incentivo competitivo para conservar el acceso exclusivo a los datos y la confianza de los clientes es una prioridad alta, la mayoría de las compañías toman medidas de ingeniería de seguridad para proteger la privacidad del cliente. Las empresas que se anuncian a través de páginas web corporativas, plataformas de medios sociales y dispositivos móviles también tienen que lidiar con las implicaciones sobre la privacidad y el anonimato de los usuarios. Las empresas que colocan banners web sobre sus páginas web, alojan las imágenes de banner en sus servidores y utilizan cookies de terceros que permiten a la empresa realizar un seguimiento de los hábitos de navegación de los usuarios a través de estos sitios.

COOKIES, BEHAVIRIOAL TARGETING Y MALWARE

La mayoría de los navegadores pueden bloquear las cookies de terceros utilizando mecanismos discretos para aumentar la privacidad y reducir el seguimiento de las empresas de publicidad y de seguimiento. Muchos anunciantes tienen la opción de opt-out para permitir a los usuarios eliminar la publicidad por comportamiento de su experiencia de usuario. Sin embargo, los problemas de privacidad del consumidor abundan sobre ambas prácticas de recolección de datos legales e ilegales en la web. Los propietarios de los sitios web tienen la obligación de dar a los usuarios la opción de revocar el permiso para la orientación contextual y conductual. La Comisión Federal de Comercio en Estados Unidos propuso un mecanismo de "Do Not Track" para permitir que los usuarios de Internet se dieran de baja del Behavioral Targeting en 2011.

Algunos sitios web utilizan numerosos anuncios con banners flash para distraer a los usuarios o usan imágenes engañosas diseñadas para parecerse a los mensajes de error del sistema operativo de un usuario en lugar de anuncios. Los sitios web que utilizan de forma poco ética la publicidad en línea para obtener ingresos con frecuencia no controlan a donde enlazan sus anuncios en la web. Esto permite que los anuncios conduzcan a sitios con software malicioso o material para adultos.

Algunos sitios llenan de malware los ordenadores de los usuarios desprevenidos. Malware es una aplicación externa que altera la configuración del sistema (como la página de inicio del navegador), genera pop-ups e insertar anuncios en páginas web no afiliadas. A estas aplicaciones también se les conoce como spyware o adware, ya que ocultan actividades cuestionables mediante la realización de servicios como por ejemplo, mostrar el tiempo o la prestación de una barra de búsqueda. Por lo general, el malware es difícil de quitar o desinstalar, por lo que es aún más difícil para los usuarios con menos conocimientos informáticos protegerse de estos programas. El malware también hace a los usuarios vulnerables al robo de información sensible incluyendo números de seguridad social y datos de tarjetas de crédito.

LA PRIVACIDAD EN LOS MEDIOS SOCIALES

Los medios sociales, en particular las redes sociales, se han definido como la nueva esfera pública donde los individuos discuten libremente los problemas sociales. Por lo tanto, la mera existencia de los sitios de medios sociales permite el acceso a tales discursos. Mecanismos como cuadros de comentarios, publicaciones en el muro y widgets facilitan la posibilidad de compartir y publicar grandes cantidades de información con varios usuarios. Las marcas vigilan cada vez más el comportamiento de los consumidores en los medios sociales para refinar la segmentación por comportamiento y contexto y fomentar la publicidad boca-a-boca.

Con tantos usuarios en Internet que funcionan como creadores y distribuidores de contenido, preguntas en torno a la privacidad y el anonimato se han convertido en causas judiciales en los Estados Unidos. De acuerdo con la Primera Enmienda de la Constitución de los Estados Unidos, "el Congreso no hará ley alguna... que coarte la libertad de expresión." En consecuencia, la Corte Suprema de EE.UU. ha declarado que el discurso en línea tiene derecho a las mismas protecciones constitucionales como el habla tradicional offline. A pesar de la disposición del consumidor a compartir y publicar contenido relacionado con la marca, las empresas que se dedican a la publicidad en los medios sociales deben ser conscientes de su mayor exposición a litigios en estos canales.

Evitar los Fraudes

La educación del consumidor, las tácticas de seguridad web y la legislación del gobierno son medidas utilizadas para proteger a los consumidores del fraude potencial.

Puntos clave

- Phishing y pharming son las técnicas más comunes utilizadas por los estafadores para robar información sensible de los consumidores en línea.
- Además de la legislación, la formación de los usuarios, la concienciación y las medidas técnicas de seguridad, varias empresas se especializan en ofrecer a los consumidores la protección contra el robo de identidad.
- Borrado de discos duros y la limpieza de datos desde los navegadores web son hábitos que los consumidores individuales pueden poner en marcha para protegerse de posibles fraudes.

Términos

- IP: Protocolo de Internet.
- Piratería (Hacking): Los intentos no autorizados para eludir los mecanismos de seguridad de un sistema de información o red.

El fraude en Internet se puede presentar en chats, correo electrónico, paneles de mensajes o en sitios web. El phishing es un ejemplo de una técnica de ingeniería social para engañar a los usuarios. Algunas de estas técnicas incluyen:

PayPal Checklist

Los comerciantes en línea como PayPal a menudo ofrecen consejos de seguridad para ayudar a los consumidores a proteger su información personal.

- Mensajes que pretendían ser de sitios web populares, sitios de subastas, procesadores de pago en línea, o los administradores de TI
- Los correos electrónicos que contienen enlaces a sitios web infectados con malware, también conocido como suplantación de correo electrónico

- La mensajería instantánea a los usuarios al entrar en detalles en una página web falsa que tiene un aspecto casi idéntico a la legítima

Otro fraude en línea, tal como pharming, se produce cuando un hacker vuelve a dirigir el tráfico web de un sitio web legítimo al sitio web fraudulento mediante la explotación de vulnerabilidades en el sistema de nombres de dominio (DNS). Por la corrupción de los conocimientos de un equipo de cómo se asigna el nombre de dominio de un sitio a su IP dirección, el atacante hace que el ordenador de la víctima se comunique con el servidor equivocado. Esta técnica, que también se conoce como secuestro de dominio, utiliza una página web falsa haciéndose pasar por un sitio legítimo. El sitio solicita normalmente información personal del usuario, permitiendo al atacante "phishing" o robar contraseñas de la víctima, PIN o número de cuenta bancaria.

Además del phishing y la piratería, los consumidores en línea también pueden ser víctimas de fraudes, robo (a través de sitios web como AutoTrader), fraude de bienes raíces (a través de sitios web como Craigslist), transferencias ilegales, subastas en línea, planes de venta, etc. En una estafa, los delincuentes utilizan la tarjeta de crédito robada y la información de seguimiento para la compra de productos en línea para su envío al titular legítimo.

Cómo Luchar contra el Fraude en Internet

Los intentos de hacer frente al creciente número de incidentes de phishing reportados y otros fraudes de Internet incluyen la legislación y la formación del usuario, la conciencia pública y medidas técnicas de seguridad. También hay varias empresas que se especializan en la vigilancia y alerta a los usuarios de cualquier actividad que implique a sus datos personales. Si alguien intenta robar la identidad del usuario en línea, estas empresas ayudan al usuario con la seguridad de su información en línea y el pago de los servicios que se necesitan para ayudar a recuperar su información y resolver la situación.

Otra táctica que los usuarios emplean para evitar el fraude es borrar los discos duros cuando tiran las viejas computadoras. Los ordenadores tienen una gran cantidad de información personal, como números de cuentas bancarias e información fiscal. El borrado del disco duro puede reducir la posibilidad de robo de identidad y otras formas de fraude. Los consumidores están advertidos repetidamente de ser cautelosos al donar las computadoras o los teléfonos celulares y otros dispositivos digitales a organizaciones desconocidas.

El borrado de datos privados, tales como la historia individual de navegación también puede reducir el fraude potencial. Los navegadores de Internet suelen proporcionar unas "preferencias" de diálogo que permiten a los usuarios de Internet borrar todo el historial, incluyendo las cookies, la caché de Internet, guardar datos de formularios, contraseñas y descargas de Internet.

La Propiedad Intelectual en los Medios Sociales

La proliferación de los activos digitales ha creado dudas sobre cómo aplicar las leyes tradicionales de derechos de autor a la propiedad intelectual en la web.

Puntos clave

- El copyright es un concepto jurídico promulgado por la mayoría de los gobiernos para proporcionar a los creadores de un trabajo los derechos exclusivos originales de creación por un tiempo limitado.
- Los derechos de propiedad intelectual abarcan los derechos de autor, marcas, patentes, derechos de diseño industrial y secretos comerciales en función de la jurisdicción.
- El desarrollo de la tecnología digital y las tecnologías de redes informáticas ha llevado a los derechos de autor a una reinterpretación de las creaciones digitales y la iniciativa de leyes de derechos de autor en Internet, como SOPA y PIPA.
- Los críticos de las leyes de propiedad intelectual citan preocupaciones sobre las prácticas monopolísticas que pueden dañar la salud, detener el progreso y beneficiar los intereses de unos pocos en detrimento de las masas.

Términos

- Patente: Una declaración emitida por una agencia del gobierno para declarar a alguien el inventor de una nueva invención y que tiene el privilegio de detener a otros de hacer, usar o vender la invención reivindicada.
- Marca: Una palabra, un símbolo o frase que se utiliza para identificar a una empresa con un producto concreto y diferenciarla de otras empresas.
- Copyleft: La filosofía de la utilización de los derechos de autor para hacer valer la libertad de información, sobre todo el código fuente del software.

El copyright es un concepto jurídico promulgado por la mayoría de los gobiernos para proporcionar a los creadores de un trabajo los derechos exclusivos originales a la creación por un tiempo limitado. En general, es "el derecho a copiar", pero también le da el derecho titular del copyright, incluyendo:

El amplio intercambio y reutilización de contenidos en línea ha llevado a la preocupación por los derechos de autor.

- El derecho a ser acreditado para el trabajo
- El derecho a determinar quién podrá adaptar el trabajo a otras formas, quienes pueden realizar el trabajo y quienes pueden beneficiarse económicamente de el

Es una forma de propiedad intelectual (como la patente, la marca registrada y el secreto comercial) aplicable a cualquier forma expresable de una idea o información que sea sustantiva y discreta. La propiedad intelectual es un término que hace referencia a un número de distintos tipos de creaciones de la mente para la que se reconoce un conjunto de derechos exclusivos. Bajo la ley de la propiedad intelectual, a los propietarios se le conceden ciertos derechos exclusivos de una variedad intangible de bienes, tales como las obras musicales, literarias y artísticas; descubrimientos e invenciones; palabras, frases, símbolos y diseños.

Los derechos de propiedad intelectual abarcan los derechos de autor, las marcas, las patentes, los derechos de diseño industrial y los secretos comerciales, dependiendo de la jurisdicción. Aunque las leyes de derechos de autor que protegen la propiedad intelectual se consideran territoriales y limitadas al territorio de su origen, la mayoría de los países son parte en al menos uno o más acuerdos internacionales de derechos de autor. La mayoría de las jurisdicciones reconocen las limitaciones del derecho de autor, lo que permite excepciones "justas" a la exclusividad del creador de los derechos de autor, dando a los usuarios ciertos derechos.

LOS DERECHOS DE AUTOR EN LOS PRODUCTOS DIGITALES

El desarrollo de los medios digitales y tecnologías de redes informáticas han llevado a la reinterpretación de estas excepciones. Los medios sociales y otras tecnologías digitales que promuevan el intercambio y la re-utilización de contenido a través de diferentes canales de comunicación han introducido nuevas dificultades para hacer cumplir los derechos de autor e inspirado retos adicionales a la filosofía del derecho básico de los derechos de autor. Para proteger su propiedad intelectual, tanto offline como online, las empresas que dependen en gran medida de las leyes de protección de derechos de autor han abogado por la extensión y expansión de los derechos de autor en el espacio digital.

La industria global del entretenimiento en particular, ha luchado diligentemente contra el libre uso, la copia y la distribución de la música electrónica, videos y películas. Algunos críticos etiquetan la distribución y copia no autorizadas de productos comerciales como piratería o la infracción de derechos de autor digital. Se han promulgado leyes durante los años 1990 y 2000 para actualizar la ley de copyright y extenderla a las propiedades digitales que se encuentran en Internet. Por ejemplo, en EE.UU. la legislación, incluida la Ley de Derechos de Autor del Milenio Digital (DMCA), tipifica como delito la producción y difusión de la tecnología, dispositivos o servicios que tratan de eludir medidas (conocidas comúnmente como la gestión de derechos digitales o DRM) que controlan el acceso a las obras protegidas. También tipifica como delito el acto de eludir un control de acceso, si hay o no infracción real de los derechos de autor en sí. Más cambios introducidos en el Congreso relacionados con los derechos de autor digitales incluyen la Ley para detener la piratería en línea (SOPA) y la PIPA (Prevención de Amenazas Online Reales a la Creatividad Económica y Robo de la Ley de Propiedad Intelectual) en 2011.

Además de proteger la propiedad intelectual, el tratado de la OMPI y varios acuerdos internacionales conexos se basan en la premisa de que la protección de los derechos de propiedad intelectual es esencial para mantener el crecimiento económico. No sólo la protección de la propiedad intelectual confiere expresión legal a individuos y organizaciones en sus creaciones, sino que también da los derechos de acceso a esas creaciones. Estas protecciones también tienen el propósito de promover la creación, la difusión y la aplicación de la creación, y fomentar el comercio justo para promover el desarrollo económico y social.

LAS LEYES DE PROPIEDAD INTELECTUAL

Sin embargo, los críticos de las leyes de propiedad intelectual argumentan que estas medidas tratan de simplificar las complejas leyes de derechos de autor y agruparlas bajo un término colectivo. El copyleft y los activistas del software libre han criticado la analogía implícita de propiedad digital con propiedades físicas, como la tierra o coches. Argumentan que tal analogía falla porque la propiedad física es generalmente rival, mientras que las obras intelectuales son no rivales (es decir, si se hace una copia de una obra, el disfrute de la copia no impide el disfrute del original).

Algunos críticos de la propiedad intelectual, tales como los del movimiento de libre cultura, ven el privilegio de monopolio intelectual como dañar la salud, la prevención de progreso y el beneficio a los intereses de unos pocos en detrimento de las masas. Estos críticos también argumentan que el interés público se ve perjudicado por los monopolios siempre expansivos en forma de extensiones de derechos de autor, las patentes de software y las patentes de métodos de negocio. Algunos críticos liberales de la propiedad intelectual han argumentado que permitir los derechos de propiedad en las ideas y la información crea una escasez artificial y constituye un ataque al derecho tangible de la propiedad.

Referencia Bibliográfica

Para la realización de este libro se han leído, traducido, interpretado, consultado y contrastado información con las siguientes fuentes de información:

Libros

Best for Novices: How Not to Suck at Social Media, de Malcom McCutcheon

Contagious: Why Things Catch On, de Jonah Berger

Páginas Web

http://wikipedia.org

Se han partes traducido de la Web http://www.boundless.com

http://www.puromarketing.com

EDITORIAL

IT Campus Academy es una gran comunidad de profesionales con amplia experiencia en el sector informático, en sus diversos niveles como programación, redes, consultoría, ingeniería informática, consultoría empresarial, marketing online, redes sociales y más temáticas envueltas en las nuevas tecnologías.

En **IT Campus Academy** los diversos profesionales de esta comunidad publicitan los libros que publican en las diversas áreas sobre la tecnología informática.

IT Campus Academy se enorgullece en poder dar a conocer a todos los lectores y estudiantes de informática a nuestros prestigiosos profesionales, como en este caso **Ángel Arias**, experto en Consultoría TIC y Desarrollo de Web con más de 12 años de experiencia, que mediante sus obras literarias, podrán ayudar a nuestros lectores a mejorar profesionalmente en sus respectivas áreas del ámbito informático.

El Objetivo Principal de **IT Campus Academy** es promover el conocimiento entre los profesionales de las nuevas tecnologías al precio más reducido del mercado.

ACERCA DEL AUTOR

Alicia Durango

Con experiencia en el mundo de formación desde el año 2010, Alicia empieza a escribir libros y a crear cursos online de informática para sus alumnos. Con una amplia experiencia laboral, Alicia Durango es una profesional con formación en Desarrollo de Aplicaciones Informáticas y Administración de Sistemas Informáticos, con más de 8 años de experiencia en el mundo de la informática, con amplia experiencia en los sectores de formación, publicidad y desarrollo web, llevando a cabo tareas de gestión, diseño gráfico, programación web y Directora de publicidad.